高等职业教育航空运输类专业系列教材

安检设备使用与维护

主　编　王凤娟

副主编　姜爱军　周　捷

科学出版社

北　京

内 容 简 介

本书根据目前国内民航安检设备使用的普及程度和使用频率来设计教学模块，系统介绍手持式金属探测器、金属探测门、X射线安全检查设备、毫米波人体安全检查设备、痕量爆炸物安检设备、液体检查仪、车底安全检查系统等安检设备的使用与维护知识，对这些设备的日常操作进行经验梳理，归纳设备的常规操作步骤，同时对其他常见安检设备做了简单介绍。本书侧重实践性，内容编排做到真实工作场景与现场实际设备的高度结合，以有效提升学生的实际操作技能。

本书适合中、高等职业院校民航安全检查及相关专业学生使用，也可作为安检公司员工职业培训的教材。

图书在版编目（CIP）数据

安检设备使用与维护 / 王凤娟主编. -- 北京：科学出版社，2025. 6.
(高等职业教育航空运输类专业系列教材). -- ISBN 978-7-03-080252-1

Ⅰ. F560. 81

中国国家版本馆 CIP 数据核字第 2024FY9503 号

责任编辑：高立凤　袁星星 / 责任校对：王万红
责任印制：吕春珉 / 封面设计：东方人华平面设计部

科学出版社 出版
北京东黄城根北街 16 号
邮政编码：100717
http://www.sciencep.com
北京鑫丰华彩印有限公司印刷
科学出版社发行　各地新华书店经销
＊
2025 年 6 月第 一 版　　开本：787×1092 1/16
2025 年 6 月第一次印刷　　印张：12 1/2
字数：293 000
定价：49.00 元
（如有印装质量问题，我社负责调换）
销售部电话 010-62136230　编辑部电话 010-62135763-2052

前　　言

近年来，随着我国社会经济的快速发展，民航业的发展也进入了加速通道。与此相应，民航安检业务量也迅猛提升。为保障民用航空安全，提升民航安检服务质量和效率，民航安检行业陆续更新和引进了大量新型安检专业仪器设备。安检专业仪器设备的普及，要求整个民航安检行业具有大量懂技术、会操作的高素质技术技能人才。

为提高广大民航安检基层从业人员的专业技术水平和分析解决问题的能力，以适应中职民航安全检查技术专业的发展要求及教学需要，配套体现先进教学理念、紧贴民航业岗位实际、内容丰富、形式新颖的高质量教材，为此，我们编写了《安检设备使用与维护》。

本书的编写主要依据上海市中等职业学校航空服务专业"安检设备使用和维护"课程标准，参照国家安检职业技能鉴定考核标准和民航安全管理相关规范，并及时引进民航安检工作新理念、新知识、新技术。本书的设计基于对安检设备使用任务分析，按安检设备使用的规律，设计教材结构体系，以安检设备的品种为模块，方便动态更新调整。模块任务设置统一为设备的安装测试→设备的使用→设备的保养维护。结构设计上设置了"学习目标""基础知识""能力训练""拓展学习""任务评价表"等任务环节。本书的编写体现了职业教育"贴近社会生活、贴近工作实际、贴近学生学习"的特点，更加注重学生职业核心能力的培养和民航安全意识的养成。

本书涉及目前安检工作中实际使用的常见安检设备，介绍其基本原理、使用方法、注意事项以及仪器保养维护知识等内容，共设计有八个模块：模块一手持式金属探测器的使用与维护；模块二金属探测门的使用与维护；模块三 X 射线安全检查设备的使用与维护；模块四毫米波人体安全检查设备的使用与维护；模块五痕量爆炸物安检设备的使用与维护；模块六液体检查仪的使用与维护；模块七车底安全检查系统的使用与维护；模块八其他安检设备的使用。

本书由上海市航空服务学校王凤娟担任主编；上海市航空服务学校姜爱军，上海民航职业技术学院周捷担任副主编；上海市航空服务学校范军、孙欣悦，上海民航职业技术学院艾治余参与编写。本书由上海国际机场股份有限公司安检护卫保障部总经理曹流，上海国际机场股份有限公司副总经理孟斐负责审核；上海市航空服务学校姜爱军负责统稿。具体编写分工如下：模块一和模块七由姜爱军编写，模块二和模块五由艾治余编写，模块三由周捷编写，模块四由范军编写，模块六和模块八由孙欣悦编写。

在本书的编写过程中，得到了上海民航职业技术学院高佩华副教授的悉心指导，也得到了上海国际机场股份有限公司浦东安检护卫保障部培训科黄晋科长和设备科仇家传工程师及相关技术人员的大力帮助，在此表示衷心的感谢。同时，编者在编写本书的过程中参考了大量安检设备资料，在此向有关作者一并表示感谢。

由于编者水平有限，书中不足之处在所难免，恳请广大读者批评指正。

目　　录

模 块 一

手持式金属探测器的使用与维护

　　金属探测器是探测金属物品的电子仪器，在现代社会工作生活中被广泛使用，可应用于军事、安全检查、考古、工程、矿产勘探、工业等诸多领域。金属探测器根据工作原理可以划分为三大类：电磁感应型、X 射线检测型和微波检测型。其中，电磁感应型金属探测器产品最为常见。金属探测器根据用途可以划分为：手持式金属探测器、金属探测仪（地下金属探测器）、输送式厂矿用金属探测装置、下落式金属探测器、管道式金属探测器等。

　　手持式金属探测器被设计用来探测人或物体携带的金属物，是安检和安保工作的必备工具。它可以探测出人员携带的包裹、行李、信件、织物等物体内所含金属物品。手持金属探测器检测表面的外观优化设计可以使检查操作简便易行。

　　目前，手持式金属探测器种类繁多，产品形状也各不相同，但它们的基本功能相似，操作方法也大同小异。本模块将以机场和航空公司常用的手持式金属探测器启亚PD140N 为例，通过手持式金属探测器开箱测试、手持式金属探测器的使用、手持式金属探测器保养和维护三个任务，学习、了解手持式金属探测器的工作原理、性能特征、使用方法和保养维护知识。

任务一　手持式金属探测器开箱测试

◢ 学习目标

　　1）能理解手持式金属探测器的工作原理，知道手持式金属探测器的基本构造。
　　2）能根据工作现场实际情况，正确使用手持式金属探测器。
　　3）能严格按照操作规程，规范使用并爱护仪器设备。
　　4）养成认真细致、严谨负责的安检工作作风。

一、基础知识

（一）手持式金属探测器的工作原理与结构

　　目前，市场上大部分手持式金属探测器基于法拉第电磁感应原理，其基本原理是当变化的电流通过线圈时，会在线圈周围的空间产生变化的磁场，变化的磁场能在被检测的金属物体内产生感生电流（涡电流），感生电流反过来又影响原来的磁场，引发探测器发出报警。基于以上原理，金属探测器由探测头和控制装置组成。探测头包含发射线圈和接收线圈。控制装置包含支持发射线圈工作的电路，与接收线圈连接的信号转换电路以及信号处理与显示装置。常见电磁感应型手持式金属探测器的原理框图如图 1.1.1 所示。

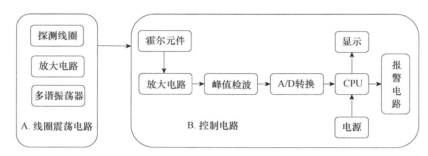

图 1.1.1　手持式金属探测器的原理框图

与工作原理相对应，手持式金属探测器的结构一般由三大功能区域组成：感应检测区域（线圈振荡电路）、控制区域（控制电路）、握柄区域（电源电路）。PD140N 手持式金属探测器三大功能区域分布如图 1.1.2 所示。

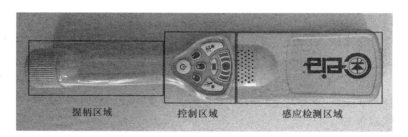

图 1.1.2　PD140N 手持式金属探测器一般功能区域分布

（二）手持式金属探测器的功能

手持式金属探测器是安检过程中人身检查的重要辅助工具，被广泛用于检查人身携带金属物品的具体位置，一般配合金属探测门使用。当金属探测门报警发现金属物品时，安检人员根据报警指示，利用手持式金属探测器进行人身检查，可以迅速找到金属物品的准确位置，提高安检人员的人身检查效率。

由于手持式金属探测器只能检测金属物品，对非金属违禁物品没有检出效果，因此在人身检查过程中，安检人员在利用手持式金属探测器进行检查时，会通过金属探测器和手相结合的方法，按规定程序对旅客人身实施检查。检查时，金属探测器所到之处，安检人员应用另一只手配合摸、按、压的动作进行，起到辅助检查作用。

市场上，常见手持式金属探测器的检测头（探测线圈）大多被设计为长方形，还有少部分产品被设计为圆环形，长度 40cm 左右，外形适当，探测区域面积一般为 $100cm^2$，以方便安检人员使用。常见手持式金属探测器如图 1.1.3 所示。

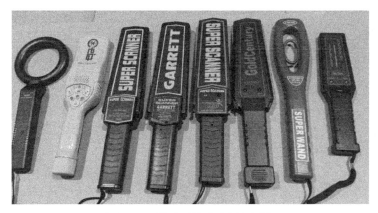

图 1.1.3 常见手持式金属探测器

二、能力训练

（一）情景任务

某机场安检机构新购了一批 PD140N 手持式金属探测器。作为一名机场安检设备维修人员，需对 PD140N 进行开箱测试，确认其基本功能是否符合要求。

（二）任务准备

1）盒装 PD140N 手持式金属探测器，PD140N 设备使用说明书。
2）设备检修工作台。
3）检修工具（螺丝刀、尖嘴钳、镊子等）。
4）不同体积材质小型金属物品若干（回形针、硬币、钥匙等）。

（三）练习过程

1. 确认组件

拆开手持式金属探测器的包装盒，参照设备使用说明书，确认配件齐全（图 1.1.4）。

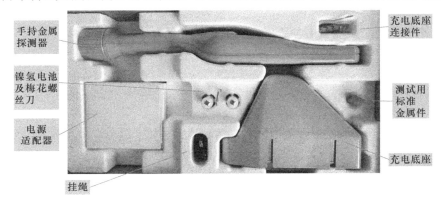

图 1.1.4 PD140N 开箱原图

2. 熟悉功能

对照设备使用说明书，确认手持式金属探测器各功能键作用，理解各指示灯意义（图 1.1.5）。

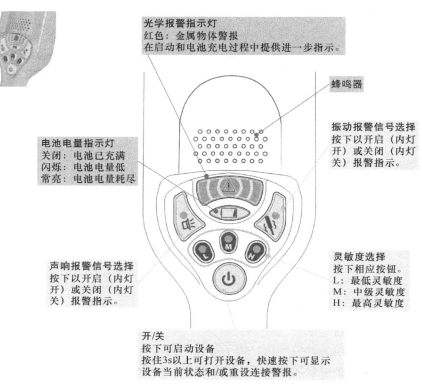

光学报警指示灯
红色：金属物体警报
在启动和电池充电过程中提供进一步指示。

蜂鸣器

振动报警信号选择
按下以开启（内灯开）或关闭（内灯关）报警指示。

电池电量指示灯
关闭：电池已充满
闪烁：电池电量低
常亮：电池电量耗尽

灵敏度选择
按下相应按钮。
L：最低灵敏度
M：中级灵敏度
H：最高灵敏度

声响报警信号选择
按下以开启（内灯开）或关闭（内灯关）报警指示。

开/关
按下可启动设备
按住3s以上可打开设备，快速按下可显示设备当前状态和/或重设连接警报。

图 1.1.5 PD140N 操作按钮功能说明

3. 安装电池

按设备使用说明书，仔细研究电池安装方法，在电池盒中正确装入 2 节可充电镍氢电池（图 1.1.6）。

注意：电池的正负极安装必须正确，否则损坏设备。

4. 测试开机

按下电源按钮 3s 以上，开机，光学报警指示器中间的红灯亮起（图 1.1.7），观察电量指示（图 1.1.8）。

注意：PD140N 手持式金属探测器开机时请勿靠近金属，避免产生高频啸叫。

报警指示结束后，探测器为"使用就绪"（启动后约 2s）。

5. 测试报警功能

按设备使用说明书的提示，检查各报警模式按钮是否正常工作。

图 1.1.6　PD140N 电池盒　　图 1.1.7　PD140N 开机

<30%　　　　30%～70%　　　　>70%

图 1.1.8　PD140N 开机电量提示

1）💡：按下 📢 按钮可启动蜂鸣器，按钮内部的灯开始闪烁，此时手持式金属探测器的报警模式为灯光加声音，用金属进行测试。再次按下可禁用蜂鸣器。

2）📳：按下 📳 按钮可启动振动报警指示，按钮内部的灯开始闪烁，此时手持式金属探测器的报警模式为灯光加振动，用金属进行测试。再次按下可禁用振动报警指示。

注意：通常检查时仅启动光学报警和声音报警信号，振动报警模式会根据现场需求选择使用。

6. 测试灵敏度

按设备使用说明书的提示，测试灵敏度调节按钮（图 1.1.9）是否正常工作。

可以改变金属的大小或改变金属物品与手持式金属探测器的距离来测试手持式金属探测器不同挡位灵敏度差别；也可以利用设备中包含的校准试片快速检查探测能力。

图 1.1.9　灵敏度调节按钮

灵敏度调节由将要进行探测的金属物品体积和最大操作距离决定。

1）按下 L 按钮可选择最低灵敏度，用于探测大型金属物品。

2）按下 M 按钮可选择中级灵敏度，用于探测中型金属物品。

3）按下 H 按钮可选择最高灵敏度，用于探测小型金属物品。

进行金属物品探测时，报警信号幅度（包括灯光强度、声音大小、振动幅度）与金属的大小（小、中、大）及金属物品与手持式金属探测器的距离相关，可以记录不同条件下测试数据进行比对。

注意：PD140N 灵敏度极高，通常在安检现场选择 L 或 M 按钮即可。

7. 关机

按住电源按钮至少 3s，光学报警指示灯的红灯依次亮起，然后设备关闭（全部指示关闭）。

8. 测试充电器

图 1.1.10　PD140N 充电中

连接电源与充电插座，将关闭后的探测器的充电端放置在插座内。大约 5s 后，橙色报警灯开始闪烁，显示在充电中，如图 1.1.10 所示。

三、拓展学习

其他类型电磁感应式金属探测器的应用

市场上电磁感应型金属探测器产品最为常见，除了手持式金属探测器外，金属探测仪（地下金属探测器）及输送式厂矿用金属探测装置也是常用设备。

1. 金属探测仪

金属探测仪（地下金属探测器）主要用于探测和识别埋在地下的金属物品，它具有探测度广、定位准确、分辨力高等优点，除了应用在军事上外，还广泛用于安全检查、考古、探矿、寻找废旧金属等，是目前应用范围最广泛的金属探测产品。地下金属探测器采用声音报警及仪表液晶显示，探测深度与被探金属的面积、形状、重量有很大的关系，一般来说，面积越大，数量越多，相应的探测深度也越大；反之，面积越小，数量越少，相应的探测深度就越小。主要功能和特点包括：设有地平衡线路，能消除"矿化反应"带来的影响，极大提高了有效探测的深度及准确率；具有区别黑色金属和有色金属的功能；采用智能操作系统；采用高强度新型复合材料封装，重量轻、寿命长。常见地下金属探测器产品外观如图 1.1.11 所示。

2. 输送式厂矿用金属探测装置

输送式厂矿用金属探测装置的产品种类也相当多，在矿业公司、食品和化妆品生产企业中尤为多见。一般根据企业用途，配套传送装置进行定制设计，主要用于分离金属或金属成分检测，图 1.1.12 所示为食品企业用金属含量检测装置。

图 1.1.11　常见地下金属探测器产品外观　　图 1.1.12　食品企业用金属含量检测装置

四、任务评价表

将手持式金属探测器开箱检测任务评分填入表 1.1.1 中。

表 1.1.1　手持式金属探测器开箱检测任务评分表

评价类别	评价内容	评分标准	分值	得分
理论知识	手持式金属探测器工作原理	准确复述手持式金属探测器工作原理的得分，未完成 0 分	10	
	电磁感应型金属探测器分类及用途	准确复述电磁感应型金属探测器分类及用途，每遗漏或错误描述一项内容扣 5 分	10	

续表

评价类别	评价内容	评分标准	分值	得分
操作技能	正确使用工具	正确选择适当工具、物品进行手持式金属探测器检测。每项缺失、错误扣 5 分	10	
	规范检测过程	检测项目、步骤正确,不遗漏。每项缺失、错误扣 5 分	40	
	灵敏度检测	根据检测对象正确选择适当灵敏度。每项缺失、错误扣 5 分	10	
职业素养	操作规范、爱护仪器设备	操作规范,检测时认真仔细;检测后分析总结;爱护仪器设备,保持设备和场地整洁。每项缺失、错误扣 5 分	20	

五、课后练习

1)简述 PD140N 手持式金属探测器开箱检测的主要项目。

2)简述 PD140N 手持式金属探测器开箱检测的流程。

3)简述手持式金属探测器的基本工作原理。

4)练习:掌握 PD140N 手持式金属探测器开箱检测的方法,拍摄检测视频并上传。

任务二 手持式金属探测器的使用

学习目标

1)能根据安检工作要求,在上岗前正确对手持式金属探测器进行检测工作。

2)能熟悉手持式金属探测器检测的有效区域,快速准确判断金属位置。

3)能按照规定流程,利用手持式金属探测器快速准确进行人身检查。

4)能严格按照操作规程,正确使用设备,从严检查。

5)养成安全第一、严谨细致的安检工作作风。

一、基础知识

(一)手持式金属探测器的检查方法

手持式金属探测器检查是通过金属探测器和手相结合的方法按规定程序对旅客人身实施检查。检查时,金属探测器所到之处,人身检查员应用另一只手配合摸、按、压的动作进行,如果手持式金属探测器报警,人身检查员应配合触摸报警部位进行复查,以判断报警物质的性质,同时请旅客取出物品进行检查。旅客取出物品后,人身检查员应对该报警部位进行复查,确认无误后,方可进行下一步检查。

为加快人身检查速度、提高人身检查效率,前传引导岗位工作人员需反复提醒旅客将身上携带的金属物品、小件物品和穿着的厚重外套放入筐内单独过检。

对经过手工人身检查仍不能排除疑点的旅客,可将其带至安检室进行从严检查。实施从严检查应经安检部门值班领导批准后才能进行。从严检查时必须由与被检查人员同性别的两名以上检查员实施。从严检查应做好记录,并注意监视检查对象,防止其行凶、逃跑或毁灭证据。

（二）手持式金属探测器的检查程序

使用手持式金属探测器进行人身检查，遵循由上到下、由里到外、由前到后的原则，推荐程序可分解为以下三个步骤。

1）旅客正面腰部以上部位：一般从旅客正面前衣领开始，依次检查右肩、右大臂外侧、右手、右大臂内侧、腋下、右前胸、右上身外侧、腰腹部，然后换到左侧，依次检查左肩、左大臂外侧、左手、左大臂内侧、腋下、左前胸、左上身外侧、腰腹部。

2）旅客正面腿部：检查顺序依次为右膝部内侧、裆部、左膝部内侧。

注意：旅客正面膝盖以下部分与旅客背后部位一同检查。

3）旅客身体背后部位：检查顺序依次为头部、后衣领、背部、后腰部、臀部、左大腿外侧、左小腿外侧、左脚、左小腿内侧、右小腿内侧、右脚、右小腿外侧、右大腿外侧。

注意：使用手持式金属探测器进行人身检查时，程序并不是固定不变的。例如，夏季旅客着装较少时，就可以对未着装的身体部位（如手部、腿部）进行目视检查，以节约检查时间，提升通道过检速度。此外，如果通道使用毫米波设备进行人身检查时，也可以简化使用手持式金属探测器的检查程序，仅对报警部位进行检查即可。

二、能力训练

（一）情景任务

使用手持式金属探测器对旅客进行人身检查是每名民航安检人员的必备技能，也是民航安检员初级资格证书的考核内容之一。作为一名旅检通道人身检查员，需利用手持式金属探测器对模拟旅客进行人身检查，查找出旅客身上的金属物品。

（二）任务准备

1）熟悉人身检查方法和程序。

2）环境和物品准备：准备安检实训室旅检通道、小体积金属物品若干、PD140N手持式金属探测器若干个。

3）安排模拟旅客若干人，每人身上藏匿3～5件金属物品。

（三）练习过程

1. 手持式金属探测器开机检测

手持式金属探测器开机检测方法：开机→观察电量指示（满电量工作时间为100h，低电量指示灯 常亮需更换电池或手持式金属探测器）→手持式金属探测器有效区域及灵敏度快速测试。

注意：手持式金属探测器调最低灵敏度、声音及灯光报警模式，有效区域快速贴紧微小金属物品绕圈检测，正常报警即可。

2. 人身检查

按照民航安检规定人身检查方法和程序，利用手持式金属探测器对模拟旅客进行人身检查。

要求：

1）检查方法和程序正确。

2）检查用语文明规范。

3）不漏查金属物品。

4）检查时间限定 2min 之内。

5）检查完毕关闭手持式金属探测器。

提示：

1）注意手持式金属探测器的有效区域仅为检测平面中矩形框（图 1.2.1）范围，避免无效检测；PD140N 手持式金属探测器两面皆可检测，但报警扬声器部位有圆弧状凸起，会导致该部位灵敏度较差。

图 1.2.1　PD140N 检测有效区域

2）合理利用手持式金属探测器的有效区域，可以提高检查速度。

3）使用手持式金属探测器时应轻拿轻放，避免碰撞，以免损坏仪器。

4）注意报警开始与结束时手持式金属探测器位置的差别，有助于快速判断金属物品的藏匿部位。

3. 确认检查结果

向上级领导汇报检查结果需用词准确精练；汇报完后，模拟旅客及时指出漏查物品及漏查原因。

建议：练习时使用情境模拟系统或进行视频录制，可以有效回顾，纠正错误。

4. 整理

1）手持式金属探测器长时间不使用时，应及时关机并放到规定位置。

2）保持实训场所清洁卫生，实训完成后进行安检通道打扫。

3）手持式金属探测器使用完应使用微湿柔软的布进行清洁。

4）手持式金属探测器使用完应根据剩余电量提示及时对其充电（电量小于 30%时）。

（四）现场情境问题

1）安检新晋员工小张正在进行人身检查实际操作练习，他发现每次检查到脚踝部位时，手持式金属探测器总是报警。但配合手仔细检查后，没有发现金属物品，这究竟是怎么回事呢？

问题解答：带教老师将手持式金属探测器慢慢靠近地面，在距地面约 5cm 高度时，发现手持式金属探测器就开始报警。原来，地面上铺设的大理石中含有金属成分，导致了手持式金属探测器的报警。因此，在用手持式金属探测器进行检测时，要考虑环境的影响，尽量避免环境对检查结果的干扰。像小张碰到的这种情况，现场推荐解决的方法是检查到脚踝部位时手探竖立检查，减少干扰；或是让旅客站在脚凳上接受检查，也可在检查脚部时适当调低手持式金属探测器的灵敏度。

2）小张对旅客进行人身检查时，手持式金属探测器在旅客胸部扫过时报警，小张无法迅速准确判明报警部位，花了很长时间才在旅客西服内袋中发现一枚金属徽章，他以后该如何避免此类情况的发生呢？

问题解答：小张检查花费时间过长，主要原因是不熟悉衣物构造，无法准确判断口袋位置；其次是对手持式金属探测器报警边缘部位定位操作不熟练。定位不准一般可以通过点状检测练习加以解决。总体而言，这两种情况都需要通过大量反复练习，积累经验，增强检查敏感度和熟练度。

3）小张对一位旅客进行人身检查，当在检查到左腿膝盖部位时，手持式金属探测器报警，小张用手配合探摸进行详细检查，还是无法查明报警原因。

问题解答：旁边的同事正好看到这一幕，轻声提醒了一句："钢钉。"小张一下反应过来。经过询问，旅客于一年前由于骨折确实在左腿膝盖部位埋过钢钉，时间一长，自己都忘记了。小张请旅客配合检查，确认无误后予以放行，并提醒旅客类似情况应主动告知安检人员。

三、拓展学习

影响手持式金属探测器检测灵敏度和准确度的主要因素

手持式金属探测器都有一个正常最大探测深度，大约为 20～30cm，如果超过了一定的探测深度，目标物磁场强度过于微弱，就不能探测到。手持式金属探测器探测的灵敏度和准确度主要受到下面几个因素的影响。

1. 金属探测器的类型

探测技术是影响探测能力的主要因素。另外，采用同一种技术的探测器之间也会有区别，它们的附加功能也会有所不同。例如，有些探测器使用的频率较其他探测器的更高，而不同探测器的线圈大小也会有所不同。此外，不同的生产商、同一生产商不同型号的产品所采用的传感技术和放大技术也不尽相同。

2. 目标物的金属类型

不同的金属产生磁场的能力不一样，能产生较强磁场的金属更易于探测。例如，铁能产生较强的磁场，容易探测，而铝则不容易探测。

3. 目标物的大小

目标物的大小影响磁通量的大小，从而影响感应强度。目标物越大，感应电流强度越大，越容易探测。

4. 目标物成分

某些物质属于自然导体，可能会严重干扰金属探测器。

5. 目标物的边带效应

如果某些类型的金属目标物隐藏时间比较长，这实际上会增强邻近物质的导电能力。

综上所述，在安检现场需要合理地选择灵敏度，避免检查时手持式金属探测器受到更多的干扰，影响过检速度和效率。

四、任务评价表

将手持式金属探测器使用任务评分填入表 1.2.1 中。

表 1.2.1　手持式金属探测器使用任务评分表

评价类别	评价内容	评分标准	分值	得分
理论知识	使用手持式金属探测器进行人身检查程序	能准确复述人身检查完整流程的得 10 分，每遗漏或错误描述一项内容扣 2 分	10	
操作技能	使用手持式金属探测器	准确进行手持式金属探测器开机测试，检查完后关闭手持式金属探测器。每项缺失、错误扣 5 分	10	
	人身检查	根据正确流程要求对旅客进行检查，动作、语言规范；无部位漏查；复查不遗漏。检查过程中无磕碰、无停顿迟疑。每项缺失、错误扣 5 分	40	
	查获目标数量	查获并识别每一件金属物品。每项缺失、错误扣 5 分	20	
职业素养	操作规范、爱护仪器设备	操作规范，检测时认真仔细；检测后分析总结；爱护仪器设备，保持设备和场地整洁。每项缺失、错误扣 5 分	20	

五、课后练习

1）简述使用手持式金属探测器进行人身检查的程序。

2）归纳使用手持式金属探测器进行人身检查时的常见错误。

3）归纳使用手持式金属探测器进行人身检查的难点。

4）练习：熟练使用手持式金属探测器进行人身检查并固化检查流程，拍摄检查视频并上传。

任务三　手持式金属探测器保养和维护

学习目标

1）能知道手持式金属探测器的日常保养要求。

2）能严格按照操作规程，正确进行手持式金属探测器常规保养，保证设备正常。

3）能根据手持式金属探测器的故障表现，正确判断故障原因，进行简单故障排除。

4）养成安全第一、严谨细致的安检工作作风。

一、基础知识

（一）手持式金属探测器的日常保养要求

1）手持式金属探测器属小型电子仪器，使用时应轻拿轻放，避免手持式金属探测器与硬物大力碰撞，或从高处跌落而损坏内部元器件。

2）避免将手持式金属探测器置于水中或者接触大量的水，以防止内部元器件短路损毁。

3）手持式金属探测器应使用微湿柔软的布进行清洁；如有顽固污垢，可蘸取少量酒精轻微擦拭，切忌使用腐蚀性化学溶剂擦洗。

4）手持式金属探测器应由专人保管，保持外表整洁干燥，注意防潮、防热。

（二）手持式金属探测器常见故障与排除方法

手持式金属探测器作为最普遍使用的安检设备，不同品牌间的性能差异主要在于灵敏度和误报率上的差别。PD140N 系列手持金属探测器在机场安检中应用较多，其常见故障一般是人为损坏造成的，如使用过程中手持式金属探测器的掉落、碰撞等。故障点主要集中在线路连接、集成电路等部位，由于厂家对专利、配件等控制严格，因此除了简单故障的维修，多数情况下需要送厂家返修。

PD140N 手持式金属探测器常见故障类型、原因及排除方法详见表 1.3.1。

表 1.3.1　PD140N 手持式金属探测器常见故障类型、原因及排除方法

故障类型	原因	排除方法
无法开机	电源故障	检查电池和金属导片及接线焊点有无锈蚀、损坏
	电源开关按钮接触不良	检查电源开关
	控制电路故障	维修更换或送修
开机后不工作 红色报警灯闪烁	控制模块故障	送修
	电池电压不足	更换电池
开机后不受控 间歇工作	电池接触不良	打开电池盒，重新压紧
	控制模块故障	调整电池扣松紧或更换电池扣
		送修

续表

故障类型	原因	排除方法
无法开始充电过程	电池故障	更换电池
	充电器故障	更换充电器
	电触点有污垢	清洁电池充电器连接销
开机后蜂鸣器长鸣	控制模块故障	送修
蜂鸣器不工作	蜂鸣器故障	送修
	控制模块故障	
震动报警功能失效	电池电压不足	更换电池
	控制模块故障	送修

二、能力训练

（一）情景任务

手持式金属探测器的日常保养是民航安检人员需要掌握的基本技能，而了解手持式金属探测器的内部结构和常见故障现象，掌握简单故障的排除方法是安检设备部门工作人员的必备技能。作为安检设备维修人员，需对手持式金属探测器进行拆装，熟悉其内部构造，练好维修基本功。

（二）任务准备

1）设备维修工作台。
2）维修工具（螺丝刀、尖嘴钳、镊子、电烙铁、万用表等）。
3）备用电池。
4）PD140N 手持式金属探测器及充电器。

（三）练习过程

1．手持式金属探测器的清洁

用干净的微湿棉布擦拭、清洁手持式金属探测器表面；按钮及凹陷部分可用镊子夹住棉布进行清洁。

2．手持式金属探测器的拆装

1）用梅花螺丝刀拆卸电池盒螺钉，打开电池盒（图 1.3.1），取出电池。
2）卸下的螺钉及小部件，分类有序摆放（图 1.3.2）。（仔细判断研究，小心试探，正确选择拆装工具及方法，养成耐心细致的工作作风。）
3）拆卸剩余螺钉，仔细寻找卡扣，小心卸开，拆开手持式金属探测器探测平面板（图 1.3.3）。（爱护公物，避免物品损坏，严禁暴力拆装。）
4）取下固定螺钉，卸下电路板（图 1.3.4）。

图 1.3.1　PD140N 打开电池盒

图 1.3.2　零配件有序摆放

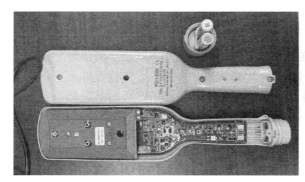

图 1.3.3　拆下探测平面板

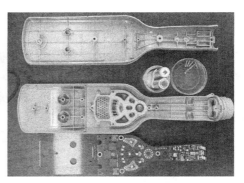

图 1.3.4　拆下电路板

5）根据手持式金属探测器的工作原理，判断电路板各区域功能并记录。

6）观察电路板各零部件的形状及颜色，拍照，保存资料。（及时记录发现问题，注意资料积累和经验总结。）

7）依次还原安装电路板、盖板、电池盒。（养成良好工作习惯，工具使用完后，原位整齐摆放，保持场所整洁。）

8）进行手持式金属探测器功能测试。

3．整理

1）手持式金属探测器使用完应及时关机并放到规定位置。

2）手持式金属探测器使用完应用微湿柔软的布进行清洁。

3）实训完成后进行操作台整理和实训场所清洁、卫生打扫工作。

4）手持式金属探测器使用完，当电量小于30%时要充电。

（四）现场情境问题

1）小张正在进行手持式金属探测器拆装练习，在拆卸手持式金属探测器面板时，所有螺钉都已卸下，但卡扣怎么也打不开，他又不敢用螺丝刀硬撬，怕造成塑料件不可恢复性损伤。这里有什么诀窍呢？

问题解答：卡扣拆卸有一定的诀窍，成熟并且设计优秀的产品一般会有一个卡扣，相对较松，比较容易拆卸。找到这个卡扣，用手或用工具稍微用力按压，就可以打开，然后顺序打开其他卡扣。在拆卸 PD140N 手持式金属探测器时，一般先打开手柄处的卡扣。

2）小张在进行手持式金属探测器还原安装时，发现少了一枚电路板固定螺钉，怎么也找不到。怕被老师批评，也不影响使用，就直接把面板盖上了。你认为小张这样做对吗？

问题解答：这种做法肯定是错误的。因为没有完全固定的电路板，在长期使用或者剧烈碰撞后会对电路板造成结构性损伤，线路更加容易断裂。因此，在平时我们要养成良好的工作习惯，所有的工具、配件、零件都要有序分类摆放。像小张那样螺钉缺少的可以直接向老师说明情况，找到备件配上。

三、拓展学习

《手持式金属探测器通用技术规范》（GB 12899—2018）标准解析
（节选）

手持式金属探测器是检测人员是否随身携带金属武器和金属违禁品的传统设备，与通过式金属探测门设备配合使用已成为人体安检的标准流程。在安检领域，国内生产手持式金属探测器的厂家众多，但国内产品市场份额却不到一半，国产产品其性能和稳定性一直无法与进口产品媲美，质量参差不齐，很多产品一直以极低价格维持低端市场，民航等重要场合更是一直被进口产品占领。

《手持式金属探测器通用技术规范》（GB 12899—2018）是手持式金属探测器产品的强制性国家标准，是公安部第一研究所于 1994 年制定并于 2003 年修订的，至今已有数十年，其技术指标、试验方法都亟待更新和改进。为了更好地促进和规范行业发展，提高国产产品的竞争实力，在全国安全防范报警系统标准化技术委员会（SAC/TC100）的组织下，标准于 2015 年启动修订程序，由公安部第一研究所牵头起草，其技术要求对手持式金属探测器的品质、探测能力、磁感应对人体健康影响程度等提出了严格、详尽的要求，以符合公共场所安检使用的需要。标准内容直接关乎国家、人民生命财产安全和社会治安稳定，自颁布以来即为强制性标准，2003 年修订仍为强制性标准，此次修订标准全部内容仍为强制性要求。

经过历时 3 年的论证、公开征求意见、专家审查，于 2018 年 11 月由国家市场监督管理总局、中国国家标准化管理委员会发布，于 2019 年 12 月 1 日正式实施。该标准提供了更加规范的技术指导和更加严格的检测要求，国产手持式金属探测器的发展将会迈上一个新的台阶。

《手持式金属探测器通用技术规范》（GB 12899—2018）主要修改内容如下。

1. 探测灵敏度

2003 版标准中，仅要求按每种探测等级的探测距离对测试物 T1 进行测试，2018 版标准调整了 A 级和 B 级对测试物 T1 的探测距离要求，同时给出了新增测试物 T2、T3 在三个探测等级的探测距离要求，如表 1.3.2 所示。试验方法要求采用掠过方式时应包含沿 X 轴和 Y 轴两个方向，且相同测试的次数由 2003 版的 4 次提高到 10 次，以考察其可重复性。

表 1.3.2　不同探测等级的探测距离要求

| 探测等级 | 测试物及对应探测距离 | | | 姿态 | 探测方式 |
	T1	T2	T3		
A	5.5cm±0.25cm	6.0cm±0.25cm	9.5cm±0.25cm	横向	掠过、接近
B	4.0cm±0.25cm	5.0cm±0.25cm	8.0cm±0.25cm	横向	掠过、接近
C	2.5cm±0.25cm	4.0cm±0.25cm	6.5cm±0.25cm	横向	掠过、接近

2. 运动速度

2003 版标准的运动速度范围为 0.4～1.5m/s，修订后 2018 版标准调整为 0.4～2.0m/s，并且给出不同探测等级在此运动速度范围内对应的探测距离要求，如表 1.3.3 所示。2018 版标准最高检测速度提高到 2.0m/s，可以更好地适应人流量较大场所的快速检查要求，与国际标准一致。

表 1.3.3　不同探测等级的运动速度要求

| 探测等级 | 运动速度 | 测试物及对应探测距离 | | | 姿态 | 探测方式 |
		T1	T2	T3		
A	0.4m/s,2.0m/s	5.0cm±0.25cm	6.0cm±0.25cm	9.0cm±0.25cm	横向	掠过、接近
B	0.4m/s,2.0m/s	3.5cm±0.25cm	5.0cm±0.25cm	7.5cm±0.25cm	横向	掠过、接近
C	0.4m/s,2.0m/s	2.0cm±0.25cm	4.0cm±0.25cm	6.0cm±0.25cm	横向	掠过、接近

3. 抗周围金属物影响

2018 版标准要求探测器与金属测试板 T0 距离 0.5m 进行平移和接近运动时，不应产生报警，比 2003 版标准 0.6m 的要求提高了 0.1m，修改后与国际标准一致，对探测器的抗周围大金属物影响的性能要求略有提高，符合技术发展的情况。

2018 版标准根据我国国情，并参考了国外的先进标准，从产品的实际应用和技术发展出发，给出了更为合理、科学、完善的评价方法。2018 版标准的过渡期为一年，正式实施后，对生产企业、检测机构产生一定的影响，各方宜针对标准内容的变化采取积极有效的应对，共同推动手持式金属探测器行业技术的发展及产品质量的提升。

四、任务评价表

将手持式金属探测器保养任务评分填入表 1.3.4 中。

表 1.3.4　手持式金属探测器保养任务评分表

评价类别	评价内容	评分标准	分值	得分
理论知识	手持式金属探测器保养注意事项	能完整叙述手持式金属探测器保养注意事项的得 10 分。每项缺失、错误扣 5 分	10	
	手持式金属探测器构造及常见故障	能根据设备内部实物图叙述主要模块功能；简述手持式金属探测器常见故障及解决办法。每项缺失、错误扣 5 分	10	
操作技能	手持式金属探测器清洁	能正确完成手持式金属探测器清洁工作。每项缺失、错误扣 5 分	10	
	常规工具使用	能正确选择和使用工具；工具和零部件能整齐有序摆放。每项缺失、错误扣 5 分	20	
	手持式金属探测器拆装	能根据规定流程对手持式金属探测器进行拆装；无部件遗漏；拆装前后保持手持式金属探测器完好无损。每项缺失、错误扣 5 分；设备损坏计 0 分	30	
职业素养	养成良好工作习惯和态度	检修拆装时态度严肃认真；积极研究反思；保持设备和场地整洁。每项缺失、错误扣 5 分	20	

五、课后练习

1）简述手持式金属探测器保养注意事项。

2）简述手持式金属探测器正确拆装过程。

3）简述手持式金属探测器常见故障及排除方法。

4）练习：熟练进行手持式金属探测器日常保养工作拍摄保养工作视频并上传。

金属探测门的使用与维护

图 2.0.1　浦东机场金属探测门的实景

　　金属探测门是一种检测人员有无携带金属物品的探测装置，主要应用在机场、车站、大型会议等人流较大的公共场所，用于检查人身体上隐藏的金属物品，如枪支、管制刀具等。当被检查人员通过金属探测门时，如果人身体上所携带的金属物品超过根据重量、数量或形状预先设定好的参数值，金属探测门即刻报警，安检人员可以及时发现该人所随身携带的金属物品。

　　本模块主要以民用机场使用较多的 02PN20 型金属探测门中的板式金属探测门为例进行讲解。浦东机场金属探测门的实景如图 2.0.1 所示。

任务一　金属探测门安装与调试

学习目标

　　1）能根据工作现场情况，合理布置金属探测门的安装工作场地。

　　2）能根据设备使用说明书、清单，掌握金属探测门的安装要点。

　　3）能根据设备使用说明书，掌握金属探测门正确的开机、关机流程。

　　4）能根据现场条件测试金属探测门是否能正常工作。

　　5）养成认真细致、严谨负责的安检工作作风。

一、基础知识

（一）金属探测门的功能和作用

　　金属探测门能够检查出具有一定重量金属成分的物品，包括磁性金属材料和非磁性金属材料。用于人身检查的金属探测器分为手持式和通道式两大类，将金属探测器做成过道门框的形式，当人通过门框时其随身携带的金属物品就可以被检测出来，这种金属探测通行门称为金属探测门，简称为安检门或安全门。

　　金属探测门是保证区域安全的第一道防线。20 世纪 70 年代，世界各国航空业迅猛发展，劫机等危险事件的屡次发生使人们越来越重视航空及机场的安全，于是各国在机场安装和配备了众多安全检测设备，其中的金属探测门担当了排查违禁物品的重要角色。不仅如此，在一些大型运动会（如奥林匹克运动会）、展览会及政府重要部门的安全保卫工作中，金属探测门也起到了重要的安全保护和防卫作用，成为必不可少的安检设备。

（二）金属探测门的分类

金属探测门一般采用通道式结构，外形与普通门框相似，结构上分为板式和柱式（其中，板式框形骨架为板状，柱式框型骨架为柱状）。门中设有电磁场，当人走进金属探测门通道时，检测系统立即自动开始对人体及携带的物品进行全方位检测，当检测到通过人员携带有含金属的物品（如各种管制刀具、武器、金属制品、电子产品及其他含金属的物品等）时，会发出报警信号。有些金属探测门能够在显示目标物位置的同时，声光同时报警，让旅客随身携带的危险物品无处可藏。这样不仅消除了检查人员的种种压力，克服了其他检测手段的种种弊端，还能极大提高检查效率。

随着新技术的发展，通道式金属探测门已不能完全满足安检的要求，安保人员需要的是一种能准确判定金属物品藏匿位置的安检产品。于是多区域金属探测技术孕育而生，它的诞生是金属探测器发展历史上的又一次变革。原来单一的磁场分布变成了现在相互重叠而又相对独立的多个磁场，再根据人体工程学原理把门体分成多个区段使之与人体相对应，相应的区段在金属探测门上形成相对的区域，这样金属探测门便拥有了报警定位功能。民航机场使用的金属探测门都属于这种，带有报警区域指示。

二、能力训练

（一）情景任务

某机场安检机构新购置了一批 02PN20 型通道式金属探测门。作为一名机场安检设备部门工作人员，需根据安检工作现场条件，对金属探测门进行开箱安装、调试工作。

（二）任务准备

1）金属探测门整套装箱，设备使用说明书。
2）安装工具（螺丝刀、尖嘴钳、镊子、电插板等）。
3）不同体积材质小型金属物品若干（手持式金属探测器、回形针、硬币、钥匙等）。

（三）练习过程

1. 金属探测门的安装

（1）场地选择
考虑到此款金属探测门的安装过程为平放组装后再立起来，安装场地的楼层高度要大于 2.5m，空地约 6m²（长 3m，宽 2m）。此款金属探测门主要采用电磁感应原理，为避免对金属探测门调试过程带来干扰，场地附近最好不要有大型金属物品、电动机等。

注意：此款金属探测门的门体一般采用工程塑料，不能安装在靠近热源、温度忽高忽低的环境中，以防损毁；也不能安装在长时间太阳照射的环境，以防塑料老化；此金属探测门不属于高级别防水产品，亦不适宜安装在雨淋、潮湿环境；同时，此设备不属于防爆产品，不能安装在充满爆炸性气体的环境中；切勿安装在震动的地板上，与大功率电器或大量金属物品保持至少 1m 的距离。

（2）开箱检查

按包装清单检查部件，主要包括带电源插孔的发射门板（TX）、接收门板（RX），横梁两根（一根带控制器安装孔），控制器一套，电源适配器一套，装配工具若干。

（3）门体组装

先固定门板，然后再安装横梁，下面以发射门板在左侧为例介绍具体的安装步骤。

取出支撑板放置在地板上，然后再依次取出发射门板、接收门板，并保持其带三个横梁安装孔的一侧相对。取出带标志板（C2）在上，带孔板（C1）在下。使用配套螺钉穿过门板，并按规定力矩拧紧。横梁安装如图 2.1.1 所示。

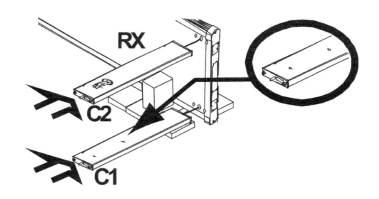

图 2.1.1　横梁安装

注意：此部分为金属探测门结构体安装部分，要保证其安装稳固，否则容易引起金属探测门在使用过程中出现故障，如门体不稳定等现象。

此处要注意考虑：在多台设备彼此同步安装的情况下，布置工作通道时必须要以 TX-RX-RX-TX-TX-RX 形式安装，同时金属探测门之间的距离不能小于 15cm。不同的信号通道（CH）下多台安装间距如图 2.1.2 所示。

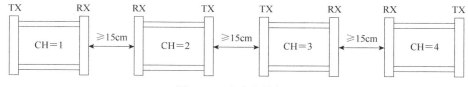

图 2.1.2　多台安装间距

（4）安装控制器

取出控制器安装在横梁面板预留孔处，并按设备使用说明书指示以发射门板、接收门板不同的接线端口安装连接线，并用力按压，使线路贴紧。随后安装上随机配套盖板，最后竖起金属探测门（此处需要两人合作）。控制器安装示意如图 2.1.3 所示。

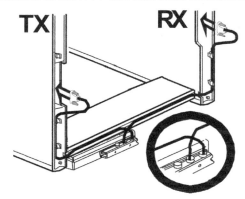

图 2.1.3　控制器安装示意

（5）通电开机

先将随机电源适配器（AC-DC 模块）连接发射门板的电源接口（图 2.1.4），然后再将电源适配器插入电源插座。打开插线板电源开关（电源模块显示绿灯），然后将随机配套钥匙插入位于底部连接模块处插槽中，将拨杆自 0 拨至 I 位置。（关机流程：将随机配套钥匙插入位于底部连接模块处插槽中，将拨杆自 I 拨至 0 位置，即为关机。关机后，为了设备和工作人员的安全，请关闭插线板电源。）

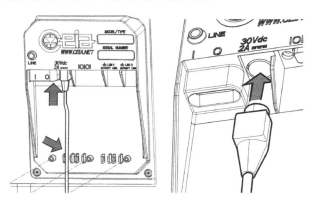

图 2.1.4　电源接口示意

在设备启动后，将会经过一段时间的自我检测，中间会依次出现"CEIA"商标、"PN20"型号、"START UP"跳过 OTS 一键自安装检测、"WAIT"等待，检测时会伴随一阵报警声音。开机自我检测如图 2.1.5 所示。

如果自我检测通过，则根据现场环境显示如下几种情况：

1）如果周围环境没有电磁干扰，则在左边面板显示"…… …… …… ……"，如图 2.1.6 所示。

图 2.1.5　开机自我检测

图 2.1.6　无干扰显示

2）如果周围环境电磁干扰比较弱，则在左边面板显示"*"或多个"*"，但是不会超过四个"*"（金属探测门左边面板显示格仅能显示四个"*"）。弱干扰显示如图 2.1.7 所示。

3）如果周围环境电磁干扰比较严重，则在左边＋右边面板显示超过四个绿色星号，金属探测门则直接报警。报警显示如图 2.1.8 所示。

图 2.1.7　弱干扰显示

图 2.1.8　报警显示

注意：遇到此种情况，首先排除金属探测门是否靠近大型金属物体，或者附近是否存在大功率电气设备的频繁启动等。如果排除完毕后仍然有此问题，则需要调试金属探测门的灵敏度设置，是否灵敏度设置过于灵敏。

2. 金属探测门的测试

（1）基础测试

待机器进入待检状态后（如果金属探测门安装环境的电磁干扰比较少，一般显示为"…… …… …… ……"），用手持式金属探测器去检测金属探测门是否能正常报警。此处报警形式根据内置控制系统的程序设定，有声音、双侧灯光指示报警、单侧灯光指示报警。

采用手持式金属探测器作为测试物件，主要是考虑到手持式金属探测器在安检现场属于常见工具，同时手持式金属探测器也内置大量金属物件，如金属线圈、内置电池等。

测试方法：手握手持式金属探测器靠近并面对金属探测门报警侧（一般是显示器侧为报警侧）站立，按正常人体手臂伸展速度把手持式金属探测器向金属探测门内侧伸进去，并做短暂停留（约 1s），然后抽回手臂。（正常情况下，金属探测门会报警，并在两侧报警灯指示处相应部位显示报警。）一般检测顺序为：在金属探测门内部顺时针从金属探测门左下角→左中部→左上角→右上角→右中部→右下角进行。如果检测一切顺利，即可判断金属探测门工作正常。测试流程示意如图 2.1.9 所示。

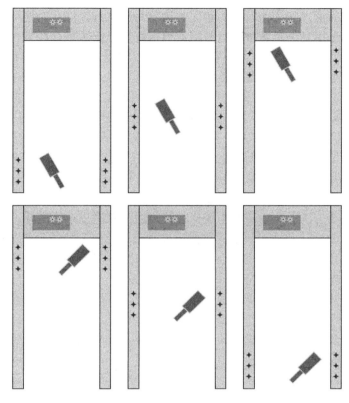

图 2.1.9　测试流程示意

（2）功能测试

先安排一名工作人员模拟未携带金属物品的旅客，以正常速度从金属探测门通道走过，查看金属探测门是否报警。在被检测人员身上未携带金属物品时，正常情况下，金属探测门不会报警。

然后再安排一名工作人员模拟携带金属物品（以常见物品，如手机为被检物体比较合适。）的旅客，以正常速度从金属探测门通道走过，查看金属探测门是否报警。在被检测人员身上携带金属物品时，正常情况下，金属探测门会报警。

注意： 通过速度不大于 15m/s，也不要太缓慢。通过速度太快，信号检测处理系统会来不及反应，也就不报警；反之，通过速度太慢，信号检测处理系统会将探测到的信号默认为背景噪声，同样也不会报警。

三、拓展学习

金属探测门的技术发展

金属探测门技术的发展是相当迅速的，自 20 世纪 70 年代以来金属探测门技术的发展大体经历几代产品更新。

第一代金属探测门产品是无源磁场计。它的装置结构形式是将磁通探头安装在棍棒或薄板中，由两根棍棒或两块薄板构成人行通道，其探测原理是在于测量地磁的变化。

当有铁磁性金属物品通过探测区时，探测区的地磁受到扰动，以此来检测金属物品。因此，要求探测器具有很高的灵敏度，对探测器周围环境提出了很高的要求。日光灯、电动机以及汽车的启动点火都可能给探测器带来干扰，因此，系统的抗干扰能力很差。

第二代金属探测门产品有源探测器。这代产品的更新正是针对无线探测应用的局限性而出现的，它不是靠测量地磁变化的原理，而是由探测器本身在探测区建立一个稳定的交变电磁场，当有金属物体通过或靠近该探测区时，这个自建交变磁场的强度、相位和频率都将发生变化，从而检测出金属物品的存在。这种探测器不仅可探测铁磁性物质，也可以探测非磁性物质。由于自建场可以做得很强，相应的抗干扰能力也得到了提高，减少了误报警的发生。但是需要人工做好零平衡调整，后期采用锁相环技术，情况会有所改善。

第三代金属探测门则采用脉冲波的工作方式。脉冲电场技术是利用金属物通过检测通道时，由于涡流效应，脉冲后沿发生变化，接收线圈探测出这种变化，并通过处理电路辨别是否报警。因为这种技术只是在发射脉冲结束后，打开接收系统拾取有用信号，所以不要求收、发线圈之间的最小耦合。同时拾取有用信号的采样，采样期间可以限制很窄，这也进一步提高了通道式金属探测门的抗干扰能力。

随着电子技术的发展，特别是单片机的数据采集、数据处理、控制显示和系统管理等功能应用于金属探测门设备，使设备的性能和功能得到了改进和提高。误报率得到极大降低，同时人机交互、设备自检等功能都有所加强，提高设备工作稳定性的同时，设备使用、维护变得更简单。

四、任务评价表

将金属探测门安装测试任务评分填入表 2.1.1 中。

表 2.1.1　金属探测门安装测试任务评分表

评价类别	评价内容	评价标准	分值	得分
理论知识	金属探测门的功能与作用	能准确复述金属探测门的功能与作用，每遗漏或错误描述一项内容扣 5 分	15	
操作技能	场地选择、开箱检查	正确完成场地选择、开箱检查。每个步骤遗漏或者错误扣 5 分	15	
	金属探测门组装、开机测试	正确完成门体组装、控制器安装、开机流程。每个步骤错误、遗漏扣 5 分	30	
	金属探测门测试	正确完成基础测试、功能测试流程。每个步骤遗漏、不规范扣 5 分	20	
职业素养	操作规范、爱护仪器设备	操作规范，检测时认真仔细；爱护仪器设备，保持设备和场地整洁。每项缺失、错误扣 5 分	20	

五、课后练习

1）简述金属探测门组装工作场地的选择要求。

2）简述金属探测门安装的主要流程。

3）练习：以小组为单位，整理金属探测门组装的操作照片，配上文字说明并上传。

4）练习：以小组为单位，整理金属探测门开机、测试的操作照片，配上文字说明并上传。

任务二　金属探测门的使用

学习目标

1）能理解金属探测门的工作原理。

2）能掌握金属探测门的结构。

3）能掌握金属探测门信道、灵敏度、报警模式等常规参数的意义及设置方法。

4）养成安全第一、严谨细致的安检工作作风。

一、基础知识

（一）金属探测门的主要结构

金属探测门由三部分组成：门体、控制装置、电源模块。结构示意如图 2.2.1。

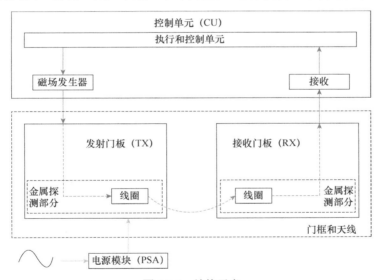

图 2.2.1　结构示意

门体由发射门板（TX）、接收门板（RX）构成，其表面为强度很高的工程塑料，内部分布有大量用于发射（探测）磁场的线圈，门体边缘部分还安装有一排用于显示报警位置的发光二极管。门体和控制装置组合在一起，控制装置在门体的顶部（横梁上）。控制装置是一个使用抗震塑料保护包装的紧凑盒子，防护级别为 IP20。控制装置含有一个可变磁场发生器、一个接收器、一个执行和处理控制器，它可以探测到由于某些不同形状、体积的金属通过所产生的信号变化。控制装置还具备可显示的面板和输入键盘，用于显示工作状态和参数设置。电源模块采用 AC-DC（交直流电转换）技术，从而使得安全门的电源具有很宽的适应范围（频率和幅值均比较宽）。

（二）金属探测门的工作原理

金属探测门采用电力电子技术，将工频交流电转换为安全可靠的低压直流电，内部采用可编程控制单元的数字电路技术，将直流变换为脉冲电流驱动发射线圈对着通道式探测区发生一连串的电磁脉冲，使该区域具有一个脉冲时变磁场。当该通道式探测区中有导体通过时变电磁场时，由于电磁感应的作用将在导体中产生涡流（磁生电现象），而涡流产生的次极磁场（电生磁现象）将在接收线圈中产生电压。接收线圈中的检测电路提取此信号并传送给控制器，控制器中的信号处理单元对该信号进行分析比对，将符合预定参数阈值的信号识别出来，并以声音和灯光报警的形式体现出来。

二、能力训练

（一）情景任务

某机场安检部门新购置一批 02PN20 型通道式金属探测门。作为一名机场安检设备部门工作人员，在前期已经完成了金属探测门的组装和开机测试，确认机器设备能正常工作的前提下，对该设备进行具体参数调试。

具体包括：信道指令、灵敏度、报警音调、报警音量、报警指示灯单双侧报警模式等。（这里只列举少部分常见参数进行设置，其余参数可参照操作。）

（二）任务准备

整体结构已安装完毕的金属探测门（若干）、设备使用说明书。

（三）练习过程

1. 信道指令设置

信道简单理解就是检测信号的频率、通信范围。在具有较高精度的检测仪器中，为了确保信号的传输，控制声噪比，通常会在仪器通信模块设置特有传输编码，以便同型号仪器设备相互区别。

机场安检现场大多数采用集中安检模式，场地内会布置多条通道，为了尽可能降低金属探测门相互之间的干扰，应当给金属探测门设置不同的信道数值。02PN20 型通道式金属探测门的信道设置范围为 0～99。其中，0～49 应用于 50Hz 电源，50～99 应用于 60Hz 电源。

具体操作如下。

（1）开机待机

按正常流程插接上电源模块，打开插线板电源，随后用专用钥匙拨动开关，待开机并完成自我检测后，则设备进入待机状态。

（2）指令调用

按下控制面板上的"PROG"键 1 次，紧接着再按下控制面板上的"ENTER"键 1

次，使其进入指令设置状态。按键示意如图 2.2.2 所示。

此刻面板显示上次最终编程界面。

例如，显示最大探测速度（DS）参数设置，与预期的"CH"不符，需要对其参数进行调整。DS 参数显示如图 2.2.3 所示。

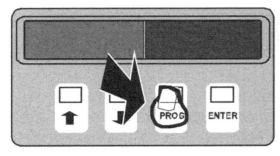

图 2.2.2　按键示意　　　　　　　　　　　　图 2.2.3　DS 参数显示

（3）指令变更

按下控制面板上的"↑"键或者"↓"键，一次一次往下按，直到显示面板显示"CH"，这里调出来的参数值为 3，与预期的数值 5 不符。CH 参数显示如图 2.2.4 所示。

（4）指令锁定

按下控制面板上的"ENTER"键锁定 CH 指令，此时显示器指令数值将不停闪烁。CH 参数锁定如图 2.2.5 所示。

图 2.2.4　CH 参数显示　　　　　　　　　　图 2.2.5　CH 参数锁定

（5）数值变更

按下控制面板上的"↑"键 1 次，显示器闪烁数值从 3 增大到 4，再按下控制面板上的"↑"键 1 次，显示器闪烁数值从 4 增大到 5，达到预设数值。CH 参数变更如图 2.2.6 所示。

（6）锁定数值

按下控制面板上的"ENTER"键锁定 CH 指令数值，此时显示器指令数值将不再闪烁，此刻"CH=5"的指令设置完毕。CH 参数值锁定如图 2.2.7 所示。

（7）设置完毕

按下控制面板上的"PROG"键 1 次，退出指令设置，恢复待检状态。

图 2.2.6　CH 参数变更

图 2.2.7　CH 参数值锁定

　　此处要注意，在多台设备彼此同步的安装情况下，布置工作通道时必须要以 TX-RX-RX-TX-TX-RX 形式安装，同时根据位置为每个金属探测门设置不同的信号通道（CH）数值，国内是 50Hz 电源，CH 数值的区间为 0～49，CH 数值不能一样，否则干扰会比较大。多台安装 CH 参数设置示意如图 2.2.8 所示。

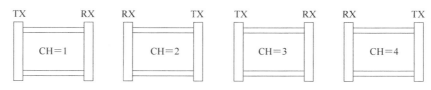

图 2.2.8　多台安装 CH 参数设置示意

2. 灵敏度参数设置

　　探测仪器有最适宜的探测范围，这个范围就是仪器的工作区间。金属探测门的灵敏度参数是用于设置触发报警的阈值，如金属物品大小、物品中金属成分含量多少等。当灵敏度参数的数值越大（即为高灵敏度），通过相对较小的金属物品（金属成分含量较少）时就能触发报警；反之，当灵敏度参数的数值越小（即为低灵敏度），只有通过相对较大的金属物品（金属成分含量较多）时才能触发报警。

　　机场安检机构会根据相关规定对旅客随身携带的金属物品进行限制。金属探测门不能调整得太灵敏，太灵敏会导致通过一个如胸针大小的金属都会报警，不能很好地起到辅助人身检查的筛选作用，反而增加后续安检人员的工作压力。金属探测门也不能调整得太迟钝，若迟钝到携带刀具通过时都不报警，显然也不合适。

　　02PN20 型通道式金属探测门的灵敏度，数值范围（－100 到 99），其中－100 为最小灵敏度，主要应用于探测大型金属物品，99 为最大灵敏度，应用于探测小金属物品。

　　具体操作如下。

　　（1）开机待机

　　按正常流程插接上电源模块，打开插线板电源，随后用专用钥匙拨动开关，待开机并完成自我检测后，则设备进入待机状态。

　　（2）指令调用

　　按下控制面板上的“PROG”键 1 次，紧接着再按下控制面板上的“ENTER”1 次，使其进入指令设置状态。

面板显示上次最后一次编程界面，如刚才退出的"CH＝5"的指令。

（3）指令变更

按下控制面板上的"↑"键或者"↓"键，一次一次往下按，直到显示面板显示"SE"，其值为70，与预期的75不符。

（4）指令锁定

按下控制面板上的"ENTER"键锁定SE指令，此时显示器指令数值将不停闪烁。SE参数锁定如图2.2.9所示。

（5）数值变更

按下控制面板上的"↑"键5次，显示器闪烁数值从70增大到75。

（6）锁定数值

按下控制面板上的"ENTER"键锁定CH指令数值。此时，显示器指令数值将不再闪烁，此刻"SE＝75"的指令设置完毕。SE参数值锁定如图2.2.10所示。

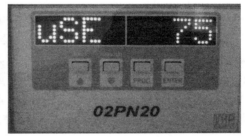

图2.2.9 SE参数锁定　　　　　　　图2.2.10 SE参数值锁定

（7）设置完毕

按下控制面板上的"PROG"键1次，退出指令设置，恢复待检状态。

3. 报警参数的设置

金属探测门的报警模式分为有声报警、声光报警、灯光报警、部位显示报警、远程报警和多种报警组合模式。报警模式的选择，主要根据安检现场的要求而定。考虑安检现象的保密性，一般采用通道进入侧灯光报警不显示，报警声音、音调的大小、种类应适宜安检现场。以上几个参数需要分别设置，组合使用。

（1）灯光报警参数（GD）

灯光报警模式，分为双侧报警、单侧报警（进入侧报警、出口侧报警）。根据通道的位置选择通过天线的方向，以及带电源插孔的发射门板、接收门板。

GD＝1 从通过方向看门，发射门板在右侧，条状指示灯设为BD1。

GD＝2 从通过方向看门，发射门板在左侧，条状指示灯设为BD2。

GD＝3 同GD＝1，但两侧的指示灯都将打开。

GD＝4 同GD＝2，但两侧的指示灯都将打开。

GD＝5 同GD＝1，但一有警报条状指示灯BD1辨别金属量，同时BD2全部点亮。

GD＝6 同GD＝2，但一有警报条状指示灯BD1辨别金属量，同时BD1全部点亮。

GD＝7 同GD＝1，但两侧的指示灯都不打开。

GD＝8 同 GD＝2，但两侧的指示灯都不打开。

（2）报警音调参数（AT）设置

这个参数用于设定报警音调，在参数设置时，使用所选的音调时，设备会提供相应的声音信号，范围在 0～44。

（3）报警音量参数（AV）设置

这个参数设置报警声音大小，在参数设置时，使用所选的音量时，设备会提供相应的声音信号，范围在 0～9，其中，0 为无报警声音，9 为最大报警声音。

三、拓展学习

国产金属探测门概况

目前，国产通道式金属探测门并没有被民航机场大面积采用，随着国内厂家技术进步、质量提升，相信这个局面很快就会得到改善。国内厂家如同方威视、中盾安民等厂家生产的设备质量都已达到国际相关行业标准。

其中，威视 MD 系列通道式金属探测门针对客流量大、通过率高的应用需求优化了传感器结构，改进了电路设计，加入智能识别处理算法，提高了报警物与非报警物的区分性，其具备如下特点：探测区域采用固定 8 区或者浮动区显示模式；探测区域灵敏度可整体或者分区调节；采用弱磁场技术，对孕妇、心脏起搏器、磁性、感光材料无影响；采用数字信号处理方式，能探测环境中的干扰信号，从而避开如显示器、助听器、手机及其他无线电设备这些干扰；产品结构采用门板和门头模式，可快速组装；具有对环境自动校准功能，对工作地点周围静止的大型金属物无距离要求，同时具有抗震动和耐触摸能力；通道门的顶部或者底部预留的网口，实现多门联网功能，并通过上位机软件方便地对局域网内所有的门进行实时监控，也可以通过上位机软件设置任意门的参数。该系列设备具有安全性高、适用性强、探测范围广、抗外界干扰能力强等特点。对手表、皮带扣、金属框眼镜、拉链、钥匙、戒指、项链等常见饰品滤除效果好，而对匕首、金属爆炸罐、枪、斧、砍刀、菜刀、手雷等危险品能够检出，适用于禁止携带危险金属物品的场所，如医院、学校、综合园区等人群聚集区，以及机场、火车站、客运站、地铁站等综合交通枢纽。

四、任务评价表

将 02PN20 型通道式金属探测门使用任务评分填入表 2.2.1 中。

表 2.2.1　02PN20 型通道式金属探测门使用任务评分表

评价类别	评价内容	评价标准	分值	得分
理论知识	金属探测门的工作原理	能准确复述金属探测门的工作原理。每遗漏或错误描述一项内容扣 5 分	10	
	金属探测门的主要结构	能准确复述金属探测门的主要结构，每遗漏或错误描述一项内容扣 5 分	10	
操作技能	金属探测门信道参数设置	正确完成信道参数的设置。每个步骤遗漏或者错误扣 5 分	20	

评价类别	评价内容	评价标准	分值	得分
操作技能	金属探测门灵敏度参数设置	正确完成灵敏度参数的设置。每个步骤遗漏或者错误扣5分	20	
	金属探测门报警参数设置	正确完成报警参数的设置。每个步骤遗漏或者错误扣5分	20	
职业素养	操作规范、爱护仪器设备	操作规范，检测时认真仔细；爱护仪器设备，保持设备和场地整洁。每项缺失、错误扣5分	20	

五、课后练习

1）简述金属探测门的工作原理。

2）简述金属探测门的结构。

3）简述金属探测门参数设置的主要流程（可选取任意一个参数）。

4）练习：以小组为单位，整理金属探测门信道参数设置的操作照片，配上文字说明并上传。

5）练习：以小组为单位，整理金属探测门灵敏度参数设置的操作照片，配上文字说明并上传。

任务三　金属探测门保养和维护

学习目标

1）能掌握金属探测门维护与保养的相关基础知识。

2）能掌握金属探测门日常维护、季节维护的流程及注意事项。

3）能掌握金属探测门简易故障的处理方法。

4）养成安全第一、严谨细致的安检工作作风。

一、基础知识

金属探测门对工作环境具有极强的适应性，然而为获得最佳结果，在其使用时可采用一些维护、结构方面的预防措施，以防止发生各种影响性能的干扰。简单列举要求如下。

1. 预防违规操作

1）禁止无关人员靠近金属探测门，更不准随意扳弄开关、脚踢和碰撞门体，不得用脚触碰电源体，不能携带大型金属通过金属探测门，如手推车、工具箱、铁簸箕等。

2）不能随意打开设备的外壳，这样将有可能毁坏设备或被电击伤。

3）为避免雷电的伤害，在雷电暴雨时，要将设备电源或交流电源断开。

4）不要用化学溶剂擦拭设备，以防损坏其表面光洁，用清洁的干布擦拭即可。

2. 预防机械干扰

1）与金属房门、金属天花板、大型震动物体保持一定距离（板式一般在 50cm 以上，柱式在 60cm 以上），或者考虑用非金属材料代替以便切断这种结构形成的电磁回路，同时应保持周围结构的稳定性。

2）远离金属框架玻璃门，如果实在没办法避免，可以考虑把金属结构件，如金属框架、弹簧杆之类的尽可能用绝缘件断开，避免形成电磁回路。

3）如果门槛由金属制成，不应让它接地而形成不稳定回路。

3. 预防电磁干扰

1）如电源线、插线板之类，应与接收门板保持 20cm 以上的距离。

2）远离、消除或屏蔽会产生电磁脉冲的源头。

3）充分屏蔽电机，如果实在没办法避免，最好使用交流电机。

4）如果有电子锁，应采用带有屏蔽装置的款式。

5）如果遇到电磁铁、遥控开关和直流电机，其电源线应涂抹不超过 2.5cm 沥青绝缘层。

6）如果遇到扬声器、变压器、内部通信系统等，应与金属探测门保持一段距离。

二、能力训练

（一）情景任务

某机场安检机构进行设备更新升级，前期引进了一批 02PN20 型通道式金属探测门，在完成一系列装机测试、参数调试等环节后，已正式布置在安检现场。作为一名机场安检设备部门工作人员，需根据安检工作现场条件，对金属探测门进行维护保养工作，并制订维护保养计划。

（二）任务准备

1）整体结构已安装完毕的金属探测门（若干）、设备使用说明书。

2）清理工具（干、湿抹布）。

3）检修工具（螺丝刀、尖嘴钳、镊子、万用表等）。

（三）练习过程

1. 日常维护

（1）电源排查

检查电源插线板指示灯，先确认电源插线板供电正常，然后确认金属探测门电源模块工作正常。

（2）结构排查

检查金属探测门是否产生位移或变形，确认其框架结构稳定。

（3）功能检查

采用六点检测法检查金属探测门是否工作正常，一般检测顺序为从金属探测门内部顺时针沿金属探测门左下角→左中部→左上角→右上角→右中部→右下角依次执行。

（4）关机修整

记录开关机时间，确保每天停机时间 2h 以上。

2．季度维护

（1）整体清洁

先把金属探测门关机，断开电源，然后用轻微潮湿的抹布清理金属探测门，清洁顺序按从上到下，从里到外进行。例如，门体表面的普通污渍可用湿布擦拭，如果遇油迹和比较难清理的污渍可用酒精、有机物清洗剂擦拭，但要注意控制清洗剂的浓度，不能太高，以防损坏门体表面涂层。控制面板清理如图 2.3.1 所示。

（2）光障清理

采用干纸巾轻轻擦拭红外发射孔，确保发射孔处无残留物，以免阻挡红外发射，影响探测计数。对反光镜进行清理时，可以使用轻微潮湿的抹布清理。光障清理如图 2.3.2 所示。

 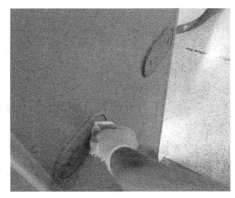

图 2.3.1 控制面板清理　　　　　　图 2.3.2 光障清理

（3）探测器检查

目测检查所有探测器部件是否损坏。金属探测门虽然能正常工作，但是由于长时间暴露在外的工作很可能因一些突发事件或偶然碰撞对其造成损坏，此时要注意严格检查其外观是否损毁。

（4）电源线检查

目测检查电源连接线是否有损坏。金属探测门虽然能正常工作，但是由于长时间的工作，且电源模块、连接线暴露在地表，很容易被工作人员踩、绊，磨伤其绝缘表皮，因此要注意严格检查其外观是否损毁，以防发生漏电事故。

（5）横梁螺钉检查

金属探测门非一体成型，其本身是靠两个横梁与两个门板通过螺栓连接，容易在各种复杂的使用环境下造成紧固螺栓的松动，轻则金属探测门松动影响探测准确性，重则横梁掉落造成安全事故，此时要严格检查其螺栓的松紧度。同时要注意调整其门板间距，一般间距为 720mm。

（6）控制器检查

金属探测门非一体成型，其控制器是靠螺栓固定在一侧门板，容易在各种复杂的使用环境下造成紧固螺栓的松动，此时要严格检查其螺栓的松紧度，防止紧固不到位导致安全事故。

3. 简易故障处理

（1）金属探测门无电源输入

问题可能出在电源输入部分，先检查所有的电源连接（包括电源和所有的电缆、接口），如果电源和适配器都显示正常，再尝试更换电源适配器。在检查供电模块的同时，注意检查插线头是否有氧化腐蚀痕迹（电源插针因氧化腐蚀之后，其导电性能下降）。

（2）电源时有时无

检查电源输入是否正常（用万用表测试电源质量），也可尝试更换电源模块，同时注意检查插线头是否有氧化腐蚀痕迹（电源插针因氧化腐蚀之后，其导电性能下降）。

（3）无任何显示

1）电源供应部分故障，检查所有线的连接状态（主电线、控制器–发射极连接线），可以尝试更换电源模块。

2）控制器故障，检查所有线的连接状态（主电线、控制器–发射极连接线），可以尝试更换控制器。

（4）大金属不报警

较大金属通过时不报警，可按以下顺序排除故障：

1）报警音量 AV 参数设置为 0（导致没有报警声音），重新设置报警音量 AV 参数。

2）灵敏度参数 SE 设置得太低，重新设置报警灵敏度 SE 参数。

3）控制器电缆连接有误，重新检查连接。

注意：新组装的机器才可能发生这种故障，经过开机检测后的机器不可能发生这种故障。

4）控制器故障，更换即可。

（5）无规律报警

1）在没有任何物体通过或周围没有机器移动、抖动的情况下，出现无规律报警。如果金属探测门经常自报警，首先查看屏幕所示的环境电磁干扰情况（正常应低于两个星号），然后可尝试调整发射频道（CH）的设置以选择最好的效果。如果金属探测门只有零星自报警，有可能是自然界的瞬间干扰。至于和安装场地有关的方面，可试着清理金属探测门附近的其他电源电缆。如果是几个金属探测门在 10m 范围内使用，则对其信道参数进行调整。

2）随周围金属结构物体移动或抖动出现的无规律报警。干扰来自大的金属物体在金属探测门附近移动，避免其移动或使其远离金属探测门；或者将上述物品改用绝缘材料制作（如玻璃、木材或塑料等）。改善金属探测门自身的状况，以确保金属探测门的稳固；清理金属探测门自身及周围可能存在的杂物；金属探测门应安装在避免阳光直射的地方，否则相关结构受热膨胀也会导致误报警。

（6）屏幕显示故障

常见报错代码、含义及处置如表 2.3.1 所示。

表 2.3.1　金属探测门常见报错代码、含义及处置

报错代码	含义	处置
RX ERR	信号接收部分故障	更换电子控制单元
GATE	连接电缆故障或未接好	检查电子控制单元与门板间的连接
	发射线圈或接收线圈故障	更换发射线圈或接收线圈
PROG	程序存储器故障	关闭并重新开启一次金属探测门的电源，如果仍然显示同样故障信息，则需更换程序存储器
WAIT	金属探测门不能正常工作	尝试更改发射频道（CH）的参数

三、拓展学习

所有金属都容易被金属探测器检查到吗

我们日常生活中所使用的绝大多数物品会含有金属部件，其由各种各样的金属材质组成，虽然同样是金属物质，但是不同金属在金属探测器下的表现是不一样的，有些金属容易被检测到，而有些则难以检测到。

金属探测器普遍是利用电磁感应原理，涉及电生磁、磁生电的能量传递、变化过程。由于不同金属导电能力不同，在磁场作用下的表现也不同（强磁性、弱磁性、反磁性），简单把金属物质归为几种：第一种，如铁、钢、铬、碳钢、碳化钨等，它们不仅具备良好的导电性，同时在磁场作用下显示出一定程度的磁性（强磁性），在利用电磁感应原理检测它们时，容易满足电磁条件，以上金属比较容易被检测到。第二种，黄铜、紫铜、铝、铅等，虽然其在磁场作用下显示出一定程度的弱磁性，但是其具备良好的导电性能，也容易满足电磁条件，以上金属也比较容易被检测到。第三种，不锈钢类中的 304 不锈钢和 316 不锈钢在经过特殊生产加工流程（如采用高温固溶处理工艺恢复其稳定奥氏体组织）处理后，其磁性基本上就被消除，在磁场作用下显示出弱磁性（或无磁性），同时此种金属电阻率也比较高，不容易满足电磁条件，因此以上金属就比较难以被检测到。

在实际工作中，影响检测结果的因素很多，不能简单以是否所含某种金属成分来判断是否容易被检测，还要考虑物品中金属成分的含量大小等因素。为了适应大多数行业领域的检测需要，常规的金属探测器能够准确检测上述所说的大部分金属。那些难以检测的金属，通过分析金属的特性和优化设备的工作频率和检测精度，同样能对这些金属实现高精度的检测效果。

四、任务评价表

将金属探测门保养维护任务评分填入表 2.3.2 中。

表 2.3.2　金属探测门保养维护任务评分表

评价类别	评价内容	评价标准	分值	得分
理论知识	金属探测门维护与保养基础知识	能准确复述维护与保养相关基础知识。每遗漏或错误描述一项内容扣5分	20	
操作技能	金属探测门日常维护	正确完成日常维护的操作。每项遗漏、错误扣5分	20	
	金属探测门季度维护	正确完成季度维护的操作。每项遗漏、错误扣5分	20	
	金属探测门简易故障维修	能准确复述简易故障维修及其注意事项。每遗漏或错误描述一项内容扣5分	20	
职业素养	操作规范、爱护仪器设备	操作规范，检测时认真仔细；爱护仪器设备，保持设备和场地整洁。每项缺失、错误扣5分	20	

五、课后练习

1）简述金属探测门维护与保养的相关基础知识。

2）练习：以小组为单位，整理金属探测门日常维护的操作照片，配上文字说明并上传。

3）练习：以小组为单位，整理金属探测门季度维护的操作照片，配上文字说明并上传。

模 块 三

X 射线安全检查设备的使用与维护

X 射线安全检查设备能够透过包装显示内部物品的结构图像，安检人员通过显示屏直接进行观察、分析，不需要拆包就可以将藏匿于行李、物品以及各类邮件中的违禁物品检查出来，因此 X 射线安全检查设备是目前安全检查工作中使用最为广泛的、必不可少的设备之一。

本模块将以公安部第一研究所研制的 CMEX-DB6550A 设备为例，通过 CMEX-DB6550A 设备的安装、使用、维护保养三大任务，帮助学生掌握 X 射线安全检查设备相关的理论知识、操作规程，培养学生认真细致、严谨负责的工作作风。

本模块还将以北京和为永泰科技有限公司便携式 X 射线成像仪（XR200 型）为例，通过该设备的操作任务，帮助学生掌握便携式 X 射线安全检查设备的相关知识。

任务一　X 射线安全检查设备的安装

学习目标

1）能知道 X 射线安全检查设备的种类、功能和组成。

2）能根据 X 射线安全检查设备的外形尺寸和技术规格，选择合适的安装地点，准备好设备包装箱，能根据操作流程完成 X 射线安全检查设备的安装。

3）能知晓 X 射线安全检查设备的拆卸方法和贮存要求。

4）能严格按照操作规程，完成后分析总结，保持设备完好和场地整洁。

5）养成认真细致、严谨负责的安检工作作风。

一、基础知识

在进行 X 射线安全检查设备的安装之前，需要先了解清楚 X 射线安全检查设备的种类、功能和组成。

（一）X 射线安全检查设备的种类

目前，民用机场使用的 X 射线安全检查设备主要有：X 射线单视角安全检查设备、X 射线双视角安全检查设备、X 射线计算机断层成像爆炸物探测安全检查设备（CT 设备）、车载式 X 射线安全检查设备等，详见表 3.1.1。

表 3.1.1　X 射线安全检查设备

设备名称	图像
X 射线单视角 安全检查设备	
X 射线双视角 安全检查设备	
X 射线计算机断层成像爆炸物探测 安全检查设备 （CT 设备）	

设备名称	图像
车载式X射线 安全检查设备	

在实际使用中，X射线双视角安全检查设备目前仍占据主导地位。此类设备主要采用以计算机控制和图像处理为核心的技术，使得分辨率更高、图像更为清晰、鲜明，无论被检物以何种方位放置到输送带上，均能获得水平和垂直两个方向上的图像，而两个视角的图像使操作者更便于识别被检物品。手提行李X射线双视角安全检查设备的通道尺寸较小，占地面积很少。例如，公安部第一研究所研制的CMEX-DB6550A，适用于机场、海关、车站、港口、核电站、政府机关、邮检中心、法院、大使馆、会议场所等地对较小物品的安全检查。

（二）X射线安全检查设备的功能

主流X射线安全检查设备采用机电一体化的先进X射线图像系统。系统中应用的线阵高效固态探测器、数字图像处理技术和计算机图像显示技术，为操作者提供了一个使用方便、操作灵活、高质量的图像和具有服务功能的可靠系统。

设备使用的线阵高效固态探测器是折弯型（指探测器板的排列方式，区别于一字形，目前涵盖L形、U形等）的，保证了行李物品的无死角检查。这种多能量型的设备不仅可以检查常规的危险品，如枪支、弹药、刀具等，还可以提供被检物品的化学组成信息，并赋予有机物、无机物及混合物以不同的颜色。该设备还能辅助识别一些特殊的危险品，如炸药和毒品，并用不同颜色框出。

中频X射线源的X射线安全检查设备，体积小，重量轻，噪声低。由于该类设备使用了线扫描的工作原理，单次检查剂量和泄漏剂量极低，可有力保证操作人员、设备周围环境和受检人员的安全。

（三）X射线安全检查设备的组成

主流X射线安全检查设备，主要由上电系统、电源和信号分配器、光障系统、输送系统、控制系统、X射线产生系统、图像产生和处理系统等部分组成。

1. 上电系统

我国主流X射线安全检查设备使用220V/50Hz的市电。市电经由电缆和一个自动断路器给系统供电。系统上电时，将钥匙开关顺时针旋转到水平位置，然后按下电源按键开关；若要关闭系统电源，可通过逆时针旋转钥匙开关来完成。

2. 电源和信号分配器

电源和信号分配器（配电板）是 X 射线安全检查设备的电压和信号分配站，交流电压和系统控制信号通过不同的电缆从电源和信号分配器送往各部件。

3. 光障系统

光障系统是由发射光障、接收光障（或反光板）和连接电缆组成的。光障系统的功能是用来产生包裹传感信号。光障没有被阻挡，输出的信号电平为高电压，当被检物阻挡光障后，输出的信号电平为低电压。系统自诊断程序可以检测光障的状态，提醒操作人员及时清理光障上的灰尘。

4. 输送系统

输送系统的作用是传送被检物进入 X 射线检测通道。输送系统是由发动机（俗称马达）、调偏辊、托辊、输送带组成的。输送系统可以双向运行。

5. 控制系统

（1）控制台
控制台一般是由控制桌、控制键盘、显示器和连接电缆组成的。主机和控制台之间的连接电缆，通常是由键盘电缆、显示器电源电缆及显示器视频电缆组成的。控制台上根据需要安装一台或两台宽屏彩色显示器，用来显示被检物的彩色透视图像。

（2）控制键盘
控制键盘是系统和操作人员之间的接口。通过键盘，操作人员向系统发出各种指令。例如，FISCAN CMEX A 系列 X 射线安全检查设备的控制键盘如图 3.1.1 所示，其包含的各种开关、控制键和指示灯等内容将在本模块任务二中的"二、能力训练"部分做详细介绍。

图 3.1.1　FISCAN CMEX A 系列 X 射线安全检查设备的控制键盘

6. X射线产生系统

X射线产生系统为线扫描X射线成像系统提供稳定的X射线，它包括X射线源和X射线源控制器及准直器三个部分。X射线由X射线源发出并由控制器控制。

（1）X射线源

主流X射线安全检查设备的X射线源有四种安装形式，分别为侧底照、中底照、侧照和顶照。

（2）X射线源控制器

X射线源控制器负责给X射线源提供驱动功率并且通过取样控制X射线源工作参数。X射线源控制器外观如图3.1.2所示。

（3）准直器

准直器的作用是将X射线束整成扇形射束。

图3.1.2　新型X射线源控制器

7. 图像产生和处理系统

主流X射线安全检查设备的图像产生和处理系统主要是由线阵固体X射线探测器部件、中央处理板（central processing board，CPB）、计算机系统三部分组成，如图3.1.3所示。

图3.1.3　图像产生和处理系统方框图

二、能力训练

（一）情景任务

安检部门新购置了CMEX-DB6550A系列X射线安全检查设备，需根据该设备的外形尺寸和技术规格，按照规程完成CMEX-DB6550A设备的安装，并知晓该设备的拆卸方法与贮存要求。

（二）任务准备

根据设备的外形尺寸和技术规格，选择合适的安装地点，并将包装箱准备好。

1. 了解CMEX-DB6550A设备外形尺寸

CMEX-DB6550A设备的外形尺寸如图3.1.4所示，图中数据的单位是mm（毫米）。

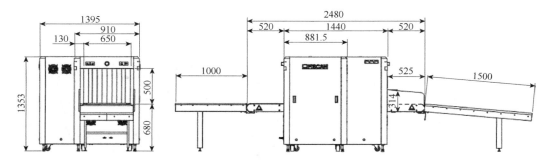

图 3.1.4　CMEX-DB6550A 设备外形尺寸

2. 了解 CMEX-DB6550A 设备技术规格

CMEX-DB6550A 设备技术规格参见表 3.1.2。

表 3.1.2　CMEX-DB6550A 设备技术规格

外部规格	技术指标
设备指标：	
重量	约 800kg
外形尺寸	2480mm（长）×1395mm（宽）×1353mm（高）
通道尺寸	650mm（宽）×500mm（高）
输送机速度	约 0.2m/s
输送带高度	约 680mm
最大负载能力	100kg
单次检查剂量	约 3.5μGy
泄漏射线剂量率	在离机壳 5cm 的任意位置，泄漏射线剂量率小于 1μGy/h（1μSv/h 或 0.1mR/h）符合现行 X 射线装置相关法规
胶片安全	保证高速胶片安全（ASA/ISO 1600）
最大功耗	1.5kVA
噪声级	＜65dB（A）
环境条件：	
贮存温度	−40～+60℃
工作相对湿度	0%～80%（不结露）
工作温度	5～40℃
工作电压	220V AC（+10%～−15%），50Hz±3Hz；可选 110V AC（+10%～−15%），60Hz±3Hz

3. 包装箱准备

准备好装有 CMEX-DB6550A 设备的三个木包装箱，包装箱的尺寸如下。

包装箱（1 号箱）：2700mm×1710mm×1637mm（长×宽×高），毛重 800kg。

包装箱（2 号箱）：1750mm×860mm×600mm（长×宽×高），毛重 150kg。

包装箱（3 号箱）：1562mm×852mm×996mm（长×宽×高），毛重 150kg。

1 号箱内放置主机系统及显示器，2 号箱内放置系统的端接台，3 号箱内放置控制台、电缆。

（三）练习过程

1. 拆包装和安装

用叉车把包装箱移至离安装现场最近的地方。

1）先拆掉 1 号箱顶板，再拆下其余侧板。取下防水罩，取出显示器。

2）用叉车将设备移至安装地点，移动过程注意保护设备，以防对设备造成意外损坏，设备自身脚轮只能用于在平整光滑的地面上移动，设备移动时应将所有地脚旋离地面。

3）旋转主机下面的四个地脚螺钉⑧（图 3.1.5），直到主机脚轮刚刚离开地面为止，并用水平尺检测，保证输送带处于水平位置。

4）打开 3 号箱取出控制台，并装好显示器。

5）打开 2 号箱，取出入口端滑板和出口端滑板待装。

6）按下列顺序拆除主机顶板和侧板（图 3.1.5）：

第一步，用钥匙打开各侧门板上的门锁③，将门板往上提就可取下①②⑤⑥⑨⑩共 6 块门板。

第二步，拆下侧门板后，拧下螺钉⑦，即可直接取下顶板④和机柜顶板 ⑪。

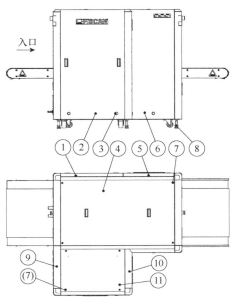

①左侧前门板；②机柜侧门板；③门锁；④顶板；⑤左侧后门板；⑥右侧门板；⑦十字槽盘头螺钉 M5×25；⑧地脚螺钉；

⑨机柜前侧门板；⑩机柜后侧门板；⑪机柜顶板。

图 3.1.5　CMEX-DB6550A 门板拆装

2. 电连接

本设备可以直接使用本地交流电压，利用三芯交流电缆供电，务必确保设备电源插头的地线与大地连接良好。

3. 电缆的连接

（1）设备外部电缆的连接

将电缆 W19A、W22ZA、DVI、（DVI）从控制台解开，将显示器放在控制台上固定好，如图 3.1.6 所示连接下列电缆。

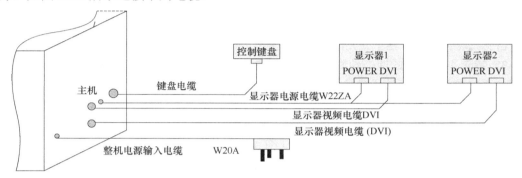

图 3.1.6　CMEX-DB6550A 组合电缆连接

总电源电缆 W20A 接主机的国标三芯插座（针）。

键盘电缆 W19A 插头（针）接主机的 16 芯圆形插座（孔）。

键盘电缆 W19A 插头（孔）接键盘的 16 芯圆形插座（针）。

显示器电源电缆 W22ZA 插头（针）接主机的国标三芯插座（孔）。

显示器电源电缆 W22ZA 国标三芯暗插头（孔）分别接两个显示器的电源插座。

显示器视频电缆 DVI 一头接主机的 DVI 插座 1，另一头接显示器 1 的 DVI 插座。

显示器视频电缆（DVI）一头接主机的 DVI 插座 2，另一头接显示器 2 的 DVI 插座。

（2）设备内部电缆的连接

设备内部的电缆连接由厂家完成，在现场安装一般不涉及此部分。

4. 入口滑板的安装（图 3.1.7）

1）用四个螺钉①将入口支腿②装到入口滑板③上。

2）用两个螺钉①将入口滑板③装到输送机的骨架上。

3）旋转可调地脚螺钉⑤升高支架，使地脚刚好着地，并保证滑板表面水平。

4）调整滑板前端与传送皮带之间的距离为 3mm 左右，保证该距离均匀，然后拧紧两个螺钉①。

5. 出口滑板的安装（图 3.1.8）

1）用四个螺钉①将出口支腿②装到出口滑板④上。

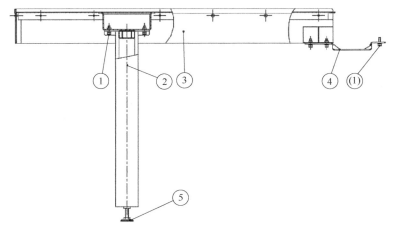

①螺钉（M6×20）；②入口支腿；③入口滑板；④连接支架；⑤地脚螺钉。

图3.1.7　CMEX-DB6550A 入口滑板的安装

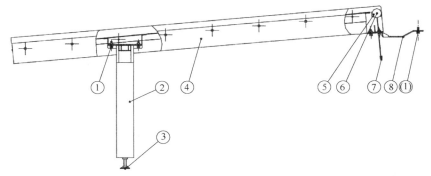

①螺钉（M6×20）；②出口支腿；③地脚螺钉；④出口滑板；⑤跳辊；⑥顶丝；⑦钢丝扣；⑧连接支架。

图3.1.8　CMEX-DB6550A 出口滑板的安装

2）用两个螺钉①将出口滑板④装到输送机的骨架上。

3）旋转可调地脚螺钉③升高支架，使支腿垂直于地面，地脚平稳着地。

4）用钢丝扣⑦插入跳辊⑤，并用两个顶丝⑥紧固，然后将跳辊⑤安装到滑板④上。钢丝必须剩下约 100mm，以便跳辊在紧急情况下可从滑板上跳起，起到安全保护作用。

5）调整滑板跳辊与传送皮带之间的距离为 3mm 左右，保证该距离均匀，然后拧紧两个螺钉①。

6.　拆卸与贮存

当重新装运或变更安装地点时，设备的拆卸是必要的。若要拆卸此设备，可按安装反程序进行。

本设备应贮存于清洁、干燥的环境中。过高的温度和湿度会造成设备部件的损坏。

三、拓展学习

X 射线简介

德国化学家和物理学家希托夫观察到真空管中阴极发出的射线，当这些射线遇到玻璃管壁会产生荧光。1876 年这种射线被欧根·戈尔德斯坦命名为"阴极射线"。随后，英国物理学家克鲁克斯研究稀有气体里的能量释放，并且制造了克鲁克斯管。这是一种玻璃真空管，内有可以产生高电压的电极。他还发现，当将未曝光的相片底片靠近这种管时，一些部分被感光了，但是他没有继续研究这一现象。1887 年 4 月，尼古拉·特斯拉开始使用自己设计的高电压真空管与克鲁克斯管研究 X 光。他发明了单电极 X 光管，在其中电子穿过物质，发生了现在叫作韧致辐射的效应，生成高能 X 光射线。1892 年，特斯拉完成了这些实验，但是他并没有使用 X 光这个名字，而是只笼统称之为放射能。他继续进行实验，并提醒科学界注意阴极射线对生物体的危害，但他没有公开自己的实验成果。1892 年，赫兹进行实验，提出阴极射线可以穿透非常薄的金属箔。赫兹的学生伦纳德进一步研究这一效应，对很多金属进行了实验。亥姆霍兹则对光的电磁本性进行了数学推导。

1895 年，德国物理学家伦琴在研究阴极射线管中气体放电现象时，用一只嵌有两个金属电极的密封玻璃管，在电极两端加上几万伏的高压电，用抽气机从玻璃管内抽出空气。为了遮住高压放电时的光线外泄，在玻璃管外面套上一层黑色纸板。他在暗室中进行这项实验时，偶然发现距离玻璃管两米远的地方，一块用铂氰化钡溶液浸洗过的纸板发出明亮的荧光。再进一步试验发现，用纸板、木板、衣服及厚约两千页的书，都遮挡不住这种荧光。更令人惊奇的是，当用手去拿这块发荧光的纸板时，竟在纸板上看到了手骨的影像（图 3.1.9）。

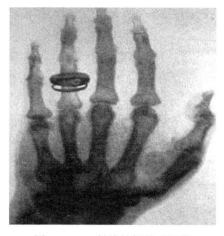

图 3.1.9　X 射线拍摄的手图像

当时伦琴认定这是一种人眼看不见但能穿透物体的射线。1895 年 12 月 28 日，他完成了初步的实验报告"一种新的射线"。他把这项成果发表在维尔茨堡物理医学学会的期刊上。因无法解释它的原理，不明白它的性质，故借用了数学中代表未知的"X"作为代号，称为"X"射线（或称 X 射线或简称 X 线）。这就是 X 射线的发现与名称的由来，此名一直沿用至今。后人为纪念伦琴的这一伟大发现，又把它命名为伦琴射线。

X 射线的发现在人类历史上具有极其重要的意义，它为自然科学和医学开辟了一条崭新的道路，为此 1901 年伦琴荣获物理学第一个诺贝尔奖。经伦琴及各国科学家的反复实践和研究，逐渐揭示了 X 射线的本质，它是一种波长极短（0.01～10nm），能量很大的电磁波。它的波长比可见光的波长更短，它的光子能量比可见光的光子能量大几万至几十万倍。因此，X 射线除具有可见光的一般性质外，还具有其自身的特性。

四、任务评价表

将X射线安全检查设备安装任务评分填入表3.1.3中。

表3.1.3　X射线安全检查设备安装任务评分表

评价类别	评价内容	评分标准	分值	得分
理论知识	民用机场X射线安全检查设备的种类	能准确复述X射线安全检查设备的种类。每项缺失、错误扣2分，扣完为止	10	
	主流X射线安全检查设备的功能	能准确复述X射线安全检查设备的功能。每项缺失、错误扣2分，扣完为止	10	
	主流X射线安全检查设备的组成	能准确复述X射线安全检查设备的组成。每项缺失、错误扣2分，扣完为止	10	
操作技能	X射线安全检查设备安装操作前准备	能根据设备的外形尺寸和技术规格，选择合适的安装地点，准备好包装箱。每项缺失、错误扣5分，扣完为止	10	
	X射线安全检查设备安装操作流程	操作流程正确、不遗漏。每项缺失、错误扣5分，扣完为止	30	
	X射线安全检查设备的拆卸与贮存	知晓拆卸方法和贮存要求。每项缺失、错误扣5分，扣完为止	10	
职业素养	操作规范，积极思考，爱护设备、环境	能严格按照操作规程，完成后分析总结，保持设备完好和场地整洁。每项缺失、错误扣5分，扣完为止	20	

五、课后练习

1）简述X射线安全检查设备的种类。

2）简述X射线安全检查设备X射线源的四种安装形式。

3）简述X射线源控制器的作用。

4）简述CMEX-DB6550A设备外部电缆的连接方法。

5）简述CMEX-DB6550A设备的拆卸方法和贮存要求。

6）练习：以小组为单位，整理 CMEX-DB6550A 设备安装的操作照片，配上文字说明并上传。

任务二　X射线安全检查设备的使用

学习目标

1）能理解X射线安全检查设备的基本工作原理，知道X射线安全检查设备常见的安全警示标识和安全操作规范。

2）能熟悉X射线安全检查设备的控制键盘和检查界面。

3）能按照规定操作流程使用X射线安全检查设备，完成开机、登录、检查、关机操作。

4）能严格按照操作规程，完成后分析总结，保持设备完好和场地整洁。

5）养成安全第一、严谨细致的安检工作作风。

一、基础知识

在使用 X 射线安全检查设备之前，需要先了解清楚 X 射线安全检查设备的基本工作原理、安全警示标识和安全操作规范。

（一）X 射线安全检查设备基本工作原理

常见 X 射线安全检查设备的基本工作原理如图 3.2.1 所示。

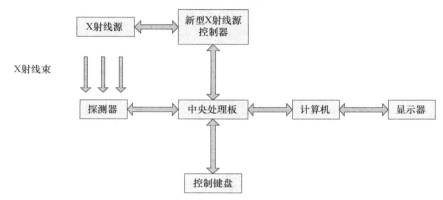

图 3.2.1   基本工作原理

操作人员通过控制键盘，将操作指令发送给中央处理板；中央处理板经过分析处理后，再将指令发送给 X 射线源控制器；X 射线源控制器控制着 X 射线源产生 X 射线束，穿过被检物品，被探测器接收；探测器将所接收的信息反馈给中央处理板；中央处理板分析处理后，经由计算机，最终将被检物品的 X 射线图像呈现在显示器上。

（二）安全警示标识

X 射线安全检查设备常见的安全警示标识详见表 3.2.1。

表 3.2.1   X 射线安全检查设备常见的安全警示标识

标识编号	标识	用途和位置
1		强电警告标识 位于配电箱外部
2		注意标识 位于射线源外部

续表

标识编号	标识	用途和位置
3		保险丝标识 位于射线控制单元
4		接地终端标识 位于设备内部各接地点
5	**PE**	总电源接地点标识 位于设备内部总电源输入端
6	当心电离辐射 WARNING IONIZING RADIATION	上电后产生辐射标识 位于射线源和探测器箱
7		铲车位置标识 位于两侧门板下方
8	**OK**	被检物品安全通过标识 位于通道入口门楣
9	当心电离辐射	上电后人身禁入标识 位于通道入口门楣或设备两侧
10	EMERGENCY STOP 紧急停止	紧急停止标识 位于紧急停止开关周边
11	Rated Frequency(额定频率)：50Hz Rated Voltage(额定电压)：200V-240V	电源电压和频率标识 位于设备外部总电源输入端

续表

标识编号	标识	用途和位置
12		当心机械伤人标识 位于输送机两侧
13		电源和射线指示灯标识 位于指示灯周边
14		行李放置指导标识（水平） 位于通道入口门楣
15	 Rated Frequency（额定频率）：50Hz Rated Voltage（额定电压）：380VAC 3~	电压频率标识 位于设备总电源输入端
16	 EMERGENCY STOP 紧急停止	紧急停止标识 位于紧急停止开关周边
17	 X-RAY ON　射线发射	射线指示灯标识 位于射线指示灯上方
18		辊筒伤人标识 位于输送机两端

（三）预防性的安全操作规范

设备使用前，请确保设备外挂板及铅门帘已经完整装配。
设备使用中，建议采用塑料周转器盛放软质或小件物品。
设备使用中，不要打开防护盖板。
设备使用中，避免让输送机长时间满负荷运行。
设备使用中，禁止将身体任何部位伸入通道内（图3.2.2）。

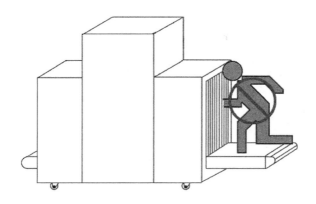

图 3.2.2　禁止将身体任何部位伸入通道内

设备使用中，禁止将身体任何部位接触输送机或辊筒（图 3.2.3）。

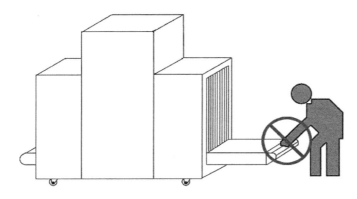

图 3.2.3　禁止将身体任何部位接触输送机或辊筒

设备使用中，禁止将任何小动物送入检查通道（图 3.2.4）。

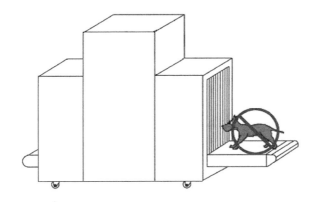

图 3.2.4　禁止将任何小动物送入检查通道

设备关机时，待电源指示灯（图 3.2.5）自行熄灭后，方可断开外接电源。

设备关机后，方可手工清理设备通道。

图 3.2.5　电源指示灯

（四）应急性的安全操作规范

设备使用中，当发生人身或物品被输送机碾轧时，立即按下紧急停止开关（图 3.2.6），使输送机停止。

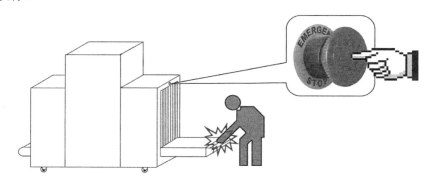

图 3.2.6　发生意外时按下紧急停止开关

任何时候都要避免让液体流入设备内部。如果设备进水，应立即关机并切断外接电源，及时通知专业技术人员处理。

二、能力训练

（一）情景任务

使用 X 射线安全检查设备 CMEX-DB6550A，对某旅客随身携带的包裹实施检查，确认包裹中是否存在违禁物品。（因为安检工作涉及公共安全，部分信息受到国家法律保护，所以有关 X 射线图像识别的内容无法在教材中呈现。）

（二）任务准备

1. 设备准备

准备好已完成安装与调试的 CMEX-DB6550A 设备，其设备外观如图 3.2.7 所示。

图 3.2.7　CMEX-DB6550A 设备外观

2. 熟悉控制键盘

CMEX-DB6550A 设备的控制键盘如图 3.2.8 所示，各部分具体介绍如下。

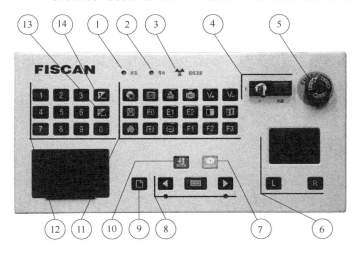

图 3.2.8　控制键盘

① 状态指示灯：指示灯闪烁表示本次按键操作无效。

② 等待指示灯：指示灯闪烁表示未与软件系统建立连接，指示灯常亮表示进入了除包裹检查模块以外的其他功能模块，指示灯灭表示进入了包裹检查模块。

③ 射线指示灯：灯亮表示 X 射线正在发射。

④ 钥匙开关及电源键（含指示灯）：用于接通和断开设备电源（按键指示灯亮表示设备已处于通电状态）。

⑤ 紧急停止开关：按下此按钮后设备立即切断危险部件（如射线源和输送机等）的电源；依箭头方向旋转，按钮弹起复位，复位后危险部件重新上电，且处于停止状态（即射线关闭、输送机停止）。

⑥ 鼠标：触摸板用于控制鼠标指针。"L"键为鼠标左键，"R"键为鼠标右键。

⑦ █可疑物品判读键：在危险品图像注入功能未暂停时，若检查过程中发现可疑物品，应按此键做出应答。

⑧ ◀ ▶输送机运行键：按此键启动输送机运行。

▣输送机停止键：按此键停止输送机运行。

⑨ ▣强制扫描键：在检查过程中，对于薄型或镂空形状物品，当输送机运行时按住此键发射 X 射线，进行连续扫描。

⑩ ▣注销键：在检查界面，按住此键 2s 后，设备退出当前登录，屏幕显示登录界面。

⑪ 十八个图像处理功能键：

▣边缘增强键	▣有机物剔除/无机物剔除切换键
▣超级增强键	▣高吸收率报警键
▣ ▣吸收率增、减键	▣选择存储键
▣加亮键	▣加暗键
▣灰度反转键	▣黑白/彩色切换键
▣亮度扫描键	▣复原键
▣ ▣回拉键	▣ ▣ ▣自定义功能键

⑫ ▣～▣数字键：在登录界面，输入 ID 号和密码；在检查界面，放大时选择屏幕分区（▣键除外）。

⑬ ▣放大/登录键：在登录界面，确认已输入的 ID 号和密码；在检查界面，启动 2 倍、4 倍、8 倍放大功能。

⑭ ▣上挡/回格键：在登录界面，清除错误的 ID 号和密码；在双视角设备单显示器显示模式的检查界面、培训界面、考核界面、测试卡界面下，切换显示不同视角的图像。

3. 熟悉检查界面

包裹检查界面分为：图像显示区、图像处理键区、导航器区、多级处理横拉条区、状态提示区几个部分。双视角设备单显示器模式 [图 3.2.9（a）]，可以通过控制键盘上的上挡键实现两个视角图像显示的切换；双视角设备双显示器模式 [图 3.2.9（b）]，检查界面两个显示器的界面都与单视角设备界面相同。

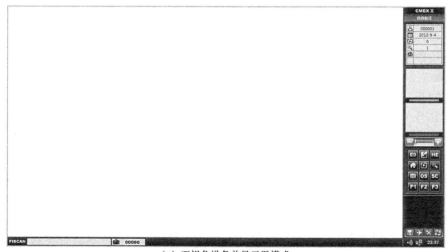

（a）双视角设备单显示器模式

图 3.2.9　包裹检查界面

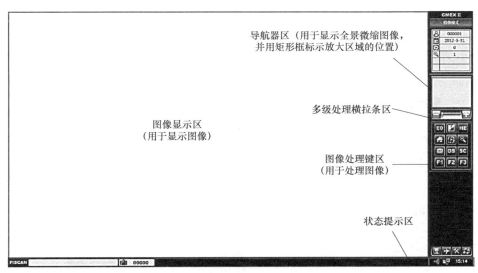

（b）双视角设备双显示器模式

图 3.2.9　（续）

（三）练习过程

1. 开机与登录

注意：开机前，应确保设备电源的插头已可靠连接，并确认设备各处（包括出、入口及控制键盘）紧急停止开关均已复位。

复位方法：依箭头方向轻轻转动按钮大约 30°后，按钮自动弹起（图 3.2.10）。

弹起复位　　　　　按下断开

图 3.2.10　复位

（1）开机与启动

在控制键盘上，将钥匙垂直插入键盘锁孔中（图 3.2.11）。

使钥匙顺时针转动 90°（图 3.2.11 箭头 B 所示）。

按下电源按键（图 3.2.11 箭头 C 所示）。

注意：绿色电源指示灯亮，表示设备已上电。

"二次电源启动开关"和"紧急停止开关"是 X 射线装置的必备功能。

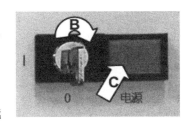

图 3.2.11　开机与启动

小心：开机后，输送机会自动运行一段距离，以便清空通道。此时，应避免人体任何部位接触输送机，同时防止滞留物品掉落损坏。

（2）系统初始化

开机后，系统显示初始化界面，等待计算机硬件系统准备完毕。系统以运行输送带的方式清空通道，同时提示"清空通道"。随后，系统将进行初始设置、检测和训管[①]，如图3.2.12所示。

图3.2.12　系统初始化界面

如果初始化过程中出现错误，系统将给出提示。

如果系统设置了自动登录功能，初始化结束后将进入包裹检查界面（图3.2.9）。否则进入用户登录界面（图3.2.13）。

注意：如果初始化过程无法正常完成清空通道操作，必须及时检查原因并排除可能存在的设备故障。在清空通道操作无法正常完成的情况下，设备的包裹检查功能不能正常使用。

小心：清空通道后，设备将自动发射X射线，以便进行训管和探测器初始校正操作。此时，严禁人体任何部位进入铅门帘以内区域，否则可能被X射线意外照射。

（3）用户登录

在用户登录界面（图3.2.13），可以使用控制台上的控制键盘来输入用户ID和密码，其中部分按键是多键值的，快速单击时会进行切换。

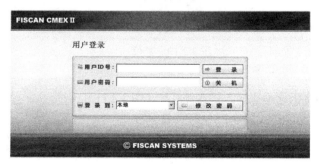

图3.2.13　用户登录界面

---

① 新的或长期不用（超过24h）的X射线机使用前必须进行训管，其目的是吸收X射线管内的气体，提高X射线管的真空度，保证仪器工作稳定。

当输入的 ID 和密码有效时，系统将对下一步操作进行判断。当该用户具备包裹检查权限时，系统进入包裹检查界面（图 3.2.9），否则进入人员管理界面（图 3.2.14）。

图 3.2.14　人员管理界面

2.　开始与停止检查

（1）开始检查
在检查界面，将被检物品放置于铅门帘以外区域，按下输送机运行键（◀或▶均可）启动输送机。

当物品被送入通道后，屏幕上显示透视图像。

当输送机处于停止状态时，人为将被检物品送入铅门帘区域以内并不能启动扫描。此时，控制键盘将发出急促的蜂鸣声，并且屏幕上将出现相关提示信息。

注意：在输送机处于停止状态时，严禁将被检物品放入铅门帘以内区域。

检查开始时，如果有被检物品位于铅门帘以内区域，可能导致设备生成的检查图像不完整，甚至完全丢失。

如果相邻两个被检物品的间距足够大，设备结束对上一个物品的检查后，在下一个物品进入检查通道前，X 射线源能够关断片刻，在下一个物品进入检查通道后，设备将自动对图像系统进行一次完整的图像校正操作，从而能够确保该被检物品的图像质量最佳。

如果相邻两个被检物品的间距较小，设备结束对上一个物品的检查时，下一个物品已经进入检查通道，则设备将在长时间不关断 X 射线的情况下连续进行扫描，X 射线源的焦点位置将逐渐产生微小的漂移，图像质量将随之逐渐变差。此时，设备将自动识别相邻两个被检物品的间距是否满足进行一次图像系统快速校正操作的需要，如果满足需要，物品图像将立即恢复至较好质量；如果不满足需要，物品图像质量将持续恶化。此时，应将物品间距适当拉开，使之至少满足进行一次图像系统快速校正操作的需要。

对输送机速度约 0.2m/s 的 CMEX-DB6550A 设备而言，在连续检查的同时进行一次图像系统快速校正操作所需的被检物品间距约为 20cm。随着输送机速度的提高，相邻两个物品的间距应适当增大。

注意：设备在长时间不关断 X 射线、不进行图像校正的情况下，扫描图像质量逐渐变差的现象是由 X 射线源的固有工作原理决定的，不是设备故障。

（2）停止检查

在卷轴过程中，按下输送机停止键 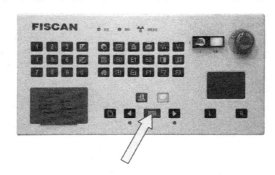 （图 3.2.15），即可停止扫描。

图 3.2.15　输送机停止键

在扫描停止瞬间，若被检物品图像已经完整卷出，则本次检查正常结束；若被检物品图像尚未完整卷出，输送机将自动反向运行短暂时间后停止，控制键盘上相应方向键下方的指示灯随之闪烁，提示本次检查处于暂停状态。此时，操作人员可依此提示按下该方向键，继续进行本次检查。此时，设备将自动启动图像拼接功能，显示被检物品的完整图像。

在暂停状态下，按压输送机反向运行键将取消本次检查，控制键盘上相应方向键下方的指示灯将随之熄灭。此时，操作人员应确保设备铅门帘以内区域没有被检物品，才能开始新一次检查。

被检物品检查完毕后，应及时从输送机出口端移走，以确保检查通道通畅。

注意： 如果检查的暂停状态因为按压输送机反向运行键而被取消，且操作人员未将铅门帘以内区域清空即开始下一次检查，将导致扫描图像不完整，甚至完全丢失。

如果操作人员在检查暂停后继续时，发现被检物品的图像拼接不完整，必须立即取消本次检查，并在清空设备铅门帘以内区域的前提下重新检查该物品，否则可能造成被检物品的部分区域未被扫描的严重后果。

3．关机

将插在控制键盘上的钥匙，逆时针旋转 90°（图 3.2.16）。

图 3.2.16　逆时针扭动钥匙关机

　　小心：设备关机延时需等待约 30s，延时结束后电源指示灯自动熄灭。关机延时过程中，请勿再次开机。电源指示灯熄灭后，方可拔掉设备外接电源插头或关断稳压源。

三、拓展学习

（一）常规 X 射线安全检查设备能否实现爆炸物探测功能

　　理论上，透射式微剂量 X 射线安全检查设备能够提供辅助性的爆炸物探测功能。但是在实践中，由于爆炸物的等效原子序数与种类繁多且无毒无害有机物处于相同区间，常规设备并不能实现高精度爆炸物探测。如果需要高精度爆炸物自动探测功能，需要使用其他高精度自动探测设备。

（二）如何提高操作员的工作水平

　　训练有素的操作员，在大多数情况下凭"第一眼"就可做出"是否放行"的判断，仅对少数图像做"图像处理"。这种专业水平是基于设备的图像质量和操作员的训练水平。为了提高操作员的工作水平，在采购适用的设备后，关键是维护好设备，以确保设备的图像质量，并通过培训使操作员熟悉各种违禁物品的图像特征。由于不同厂家采用的图像颜色有些差异，在更新设备后，需要给操作员一定的时间去适应新的图像颜色。总之，提高工作水平的关键是"人机结合"。

四、任务评价表

　　将 X 射线安全检查设备使用任务评分填入表 3.2.2 中。

表 3.2.2　X射线安全检查设备使用任务评分表

评价类别	评价内容	评分标准	分值	得分
理论知识	X射线安全检查设备的基本工作原理	能准确复述X射线安全检查设备的基本工作原理。每项缺失、错误扣2分，扣完为止	10	
	X射线安全检查设备的安全警示标识	能准确识别X射线安全检查设备常见的安全警示标识。每项缺失、错误扣2分，扣完为止	10	
	X射线安全检查设备的安全操作规范	能准确复述X射线安全检查设备的安全操作规范。每项缺失、错误扣2分，扣完为止	10	
操作技能	X射线安全检查设备操作前准备	熟悉设备的控制键盘和检查界面。每项缺失、错误扣2分，扣完为止	10	
	开机与登录	操作流程正确、不遗漏。每项缺失、错误扣5分，扣完为止	10	
	开始与停止检查	操作流程正确、不遗漏。每项缺失、错误扣5分，扣完为止	20	
	X射线安全检查设备关机	操作流程正确、不遗漏。每项缺失、错误扣5分，扣完为止	10	

评价类别	评价内容	评分标准	分值	得分
职业素养	操作规范，积极思考，爱护设备、环境	能严格按照操作规程，完成后分析总结，保持设备完好和场地整洁。每项缺失、错误扣5分，扣完为止	20	

五、课后练习

1）简述 X 射线安全检查设备的基本工作原理。

2）简述紧急停止开关的复位方法。

3）简述 CMEX-DB6550A 设备在开关机与登录时的注意事项。

4）简述 CMEX-DB6550A 设备在开始与停止检查时的注意事项。

5）练习：以小组为单位，整理 CMEX-DB6550A 设备开关机与登录的操作照片，配上文字说明并上传。

6）练习：以小组为单位，拍摄设备开始与停止检查的操作视频并上传。

任务三　X 射线安全检查设备的保养和维护

学习目标

1）能知道 X 射线安全检查设备保养和维护的种类和基本要求。

2）能按照规定准备好定期保养和维护所需的用具，并按规定操作流程完成 X 射线安全检查设备的定期保养和维护。

3）能正确填写 X 射线安全检查设备维护报告。

4）能严格按照操作规程，完成后分析总结，不浪费。

5）养成认真细致、严谨负责的安检工作作风。

一、基础知识

对 X 射线安全检查设备进行保养和维护，是保持设备正常有效运转、延长设备使用寿命的重要手段。X 射线安全检查设备的保养维护一般分为日常保养维护和定期保养维护两种，基本要求如下。

（一）日常保养维护

对于工作量大的设备，日常保养维护需要每天进行。日常保养维护的内容主要包括检查 X 射线 ON 指示灯和电源指示灯、检查通道出入口的铅门帘、检查输送带张紧程度、清洁光障、清洁显示器等。

（二）定期保养维护

为了保证 X 射线安全检查设备能够持续有效地工作，需要对设备的各项功能进行周期性的检测，并给予必要的调整。工作量大的设备，通常是每 6 个月进行一次系统性的保养维护；一般工作量的设备，可以 12 个月进行一次系统性的保养维护。定期保养维护结束后，需要填写维护报告。

二、能力训练

（一）情景任务

安检现场的 X 射线安全检查设备 CMEX-DB6550A 已经使用了 6 个月，为了保证设备能持续有效地工作，现在要对该设备进行定期保养维护，对该设备的各项功能进行检测，并给予必要的调整。

（二）任务准备

准备好定期保养维护所需的维护报告、综合测试箱、剂量仪、欧姆表、乙醇、清洁液、干净的布等。

（三）练习过程

注意：在任何时候和任何条件下，都必须遵守辐射安全规则，以避免引起任何辐射危害。

1. 检查 X 射线 ON 指示灯

X 射线 ON 指示灯指示了 X 射线产生系统的工作状态，如果指示灯失效，应立即对设备进行检查，并更换 X 射线 ON 指示灯。

注意：若控制键盘及通道两个端面板上的 X 射线指示灯不能正常工作，则不要使用该设备。

2. 检查全部控制部件

检查控制键盘和机壳上的所有控制零件、紧急停止开关、按键和指示灯的机械特性及电子功能。

3. 检测系统功能

检测的具体功能如下：
1）输送机正向和反向运行。
2）开机后通道中若有存留包裹，输送机能自动进行相应处理。
3）图像拼接功能（使输送机运行、停止、再运行）。
4）包裹计数。

4. 检查联锁系统

检查程序如下：
1）开机，取下行程开关的铅屏蔽使其联锁断开。
2）检查配电板的 K2 接触器，确认其处于释放状态。

3）关机。

4）再开机。

5）确认再开机过程中 K2 接触器未发生吸合动作。

5. 检查铅门帘

检查通道入口端和出口端铅门帘条，如果有短缺、损坏，应予替换。

6. 检查输送带

如果输送带撕裂，特别是边缘处的撕裂，可能造成对被检物的危害。因此，损坏的输送带应予替换。

7. 检查托辊

托辊的轮轴损坏后会产生噪声，并会引起马达过载，必须及时更换磨损的托辊。

8. 检查马达

损坏的马达可能引起漏油，从而沾污被检物品。同时损坏的马达可能会产生较大的噪声和电机过载。

9. 检查输送带张紧和跑偏

若输送带松弛或输送带的跑偏超过 $\pm15mm$，则要进行调整。

10. 检查设备输入电压

为避免损坏电子部件，要检查设备的输入电压。如果设备使用了交流稳压器，稳压器的输入和输出电压都要进行检查。

11. 检查紧急停止开关

检查设备所有的紧急停止开关压下时是否能关断关键部件（X 射线源控制器和输送机等）的供电。

12. 设备清洁

对设备的电子部件、输送带和显示器进行清洁保养，可以用湿布或经过稀释的清洁液清洁设备，也可以使用吸尘器去除设备内部和外部的灰尘。

注意：清洁设备时，不要让水或其他液体流入设备中。清洁设备期间，设备必须断电，并将电源插头与供电系统断开。

13. 风扇部件的清洁

风扇上的过滤网用来滤除空气中的灰尘。当灰尘不多时，震动一下过滤网就可以了。当附有过多灰尘时，可用温肥皂水冲洗，待其干透后方可重新使用。一旦该过滤网影响电子机箱的冷却，就要进行彻底清洁保养。

14. 光障的清洁

清洁光障灰尘，以免出现故障。可用浸有乙醇的软布擦拭光障窗口及通道对面的反光镜镜面。

15. 检查盖板

严重变形或损坏的盖板、挂板应予替换，以免操作人员和旅客受到人身伤害。

16. 检查风扇部件

检查风扇各部件，如有损坏应予更换。

17. 检查显示器调整功能和图像质量

调整前应小心擦拭显示器屏幕。图像质量可用综合测试箱检查。通过调整显示器按键应看到所有的灰度级，同时应有足够的分辨率和穿透力。

18. 测量 X 射线单次检查剂量

要使用校准过的剂量仪进行测量，单次检查剂量值应不大于 5μGy。

19. 测量泄漏射线剂量率

首先检查铅屏蔽是否由于叉车搬运而损坏，然后用校准过的剂量仪在距机壳表面 5cm 处测量。根据国际标准，测量值应小于极限值 1μGy/h（1μSv/h 或 0.1mR/h）。

如果超过这个极限，设备应立刻停止工作，直到找到测量值偏高的原因，并采取补救措施。

注意：如果测量的 X 射线泄漏射线剂量率超过了限定值，必须立即关断设备的运行，直到找出原因并修复故障，设备才能准许再次运行。

20. 检查 X 射线源控制器

检查 X 射线源控制器，若发现故障，则需要更换或调整 X 射线源控制器。

21. 检查探测器和 X 射线束对中

检查探测器和 X 射线束的对中，如果对中不好，探测器输出的高、低能信号就不好。

22. 检查探测器部件的输出信号

探测器部件的输出信号可以在探测器板上的测试点测量或借助于探测器信号测试菜单完成。如果某块探测器板有三个相邻像素的输出信号超出了规定的范围值，则此探测器板必须更换，退回生产厂家进行专门维修。

23. 检查保护接地线

使用欧姆表（或保护接地测量设备）测量机壳接地线和设备其他接地点对地的电阻。

24. 检查设备工作时间和 X 射线发射时间

借助于系统参数子菜单，检查设备工作时间和 X 射线发射时间。

25. 功能测试

完成设备的例行维护，必须参考下列各项要求对设备的功能进行检测。
- 设备通电。
- 检查所有的电源指示灯是否都点亮。
- 检查设备的训管程序是否运行良好。
- 检查 X 射线发射指示灯在设备自测试期间是否瞬间点亮。
- 检查输送机是否能自动反向运行（检查时使用行李遮住光障，确认输送机是否能自动反向运行）。
- 检查输送机是否正向运行良好。
- 借助于系统自诊断菜单，检查下列各项：
  - 检查设备的输入功能。
  - 检查设备的输出功能。
  - 检查设备 X 射线发生器的参数。
  - 检查设备探测器信号。
  - 检查直流电压。
- 将 FISCAN 测试箱放在通道最佳位置，检查设备的以下主要技术指标：
  - 检查设备的线分辨力是否符合技术指标要求。
  - 检查设备的穿透力是否符合技术指标要求。
  - 检查设备的空间分辨力是否符合技术指标要求。
  - 检查设备的单次检查剂量是否符合技术指标要求。
  - 检查设备的泄漏射线剂量率是否符合技术指标要求（在距离机壳表面 5cm 处）。
- 反向运行输送机，将测试箱送到检测通道的入口：
  - 检查输送机的正、反向运行指示灯是否能点亮。
  - 检查设备图像处理功能。
- 完成上述检测，填写维护报告（表 3.3.1）。

三、拓展学习

（一）输送带张力与跑偏的调整

输送带张力不足与跑偏是带式输送机的常见故障，对其及时、准确的处理是其安全稳定运行的保障。

表3.3.1　X射线安全检查设备维护报告

维护报告	
	报告号：
设备型号：_____	序列号：_____
使用现场：_____	使用者：_____
1. 清洁设备	19. 检查训管功能
2. 清洁并检查光障	20. 检查输送机自动反向运行功能
3. 检查指示灯	21. 检查设备自诊断功能
4. 清洁并检查输送带	22. 检查X射线控制器
5. 检查风扇，清洁过滤网	X射线断灯丝电流_____ mA
6. 清洁显示器屏幕，并检查显示器调整功能	X射线开灯丝电流_____ mA
7. 清洁并检查输送机、马达和滚筒	阳极电流 _____ mA
	高压 _____ kV
8. 检查铅门帘	23. 检查包裹计数
9. 检查紧急停止开关	24. 系统工作时间_____ h
10. 检查联锁系统	X射线发射时间_____ h
11. 检查盖板	
12. 检查系统功能	25. 检查探测器信号和探测器部件
13. 检查接线和保护接地	26. 检查系统主要技术指标
14. 检查报警功能	单次检查剂量_____ μGy
15. 检查图像处理功能	泄漏射线剂量率_____ μGy/h
16. 检查ZOOM功能	线分辨力_____ AWG/mm
17. 检查X射线关断功能	穿透力_____ mm
18. 检查设备输入电压	空间分辨力_____ 线对
系统维护完成　　　　　　是□　　　否□	
系统工作状态良好　　　　是□　　　否□	
备注	
_____	
_____	
_____	
日期_____　　　维修人员签名_____	

　　输送带张力是指输送带在运行过程中所受到的拉力。如果输送带张力不足，会导致输送带松弛，从而出现跑偏现象。

　　跑偏是指输送带在运行时，由于各种原因而偏离了正常轨道。造成输送带跑偏的根本原因是胶带所受的外力在输送带宽度方向上的合力不为零，或垂直于输送带宽度方向上的拉应力不均匀，从而导致托辊等对输送带产生侧向作用力，使输送带发生偏移。

一般情况下，输送带的张力和跑偏在出厂前已经调整好，不需要再进行调整。另外，在输送机中设计了皮带挡板①（图 3.3.1），使得输送带跑偏误差控制在±10mm 以内，因此不需要再进行调整。

如果设备在使用过程中输送带张力或输送带的跑偏超过±15mm，可按下述方法调整，如图 3.3.1 所示。

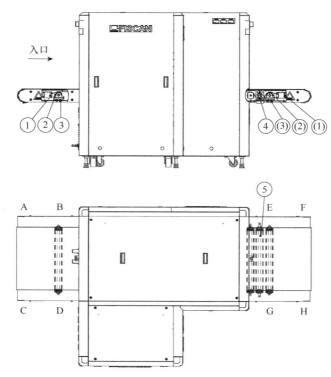

①皮带挡板；②调偏辊；③内六角圆柱头螺钉 M8×16；④张紧螺杆；⑤调偏张紧辊。

图 3.3.1　CMEX-DB6550A 输送带张力与跑偏调整

1．输送带张力的调整

顺时针转动输送带出口两边的张紧螺杆④，直到输送带在载荷 4×25kg 下能正常运行。

注意：输送带的张力不要调整过度，输送带两边的张力应尽可能保持一致。

2．输送带跑偏的调整

根据输送带向松边跑偏的原则进行调整。

正向启动输送带，若输送带向 AF 边跑偏，松开入口端螺钉③，调整入口端调偏辊②，加大 CD 间距离。若输送带向 CH 边跑偏，则缩小 CD 间距离。

输送带反向运行时，可调整出口端调偏辊②，若输送带向 AF 边跑偏，可增加 GH 间距离；若向 CH 边跑偏，可缩小 GH 间距离。

每次距离调整量不要过大，每调整一次后，使输送带处于稳定运行状态。然后再调整第二次，直至输送带不跑偏为止。整个调整过程必须反复进行，注意安全并要有耐心，切勿用手去抓输送带或将衣服等卷入。调整后，要将螺钉③拧紧。

（二）导致故障的典型外部因素

1. 典型环境因素

导致 X 射线安全检查设备故障的典型环境因素较多，主要如表 3.3.2 所示。

表 3.3.2　导致 X 射线安全检查设备故障的典型环境因素

环境因素	典型故障现象	预防措施
电源	夏季高温，加上供电紧张，电源电压波动剧烈，损坏内部器件；地线没有真正"接地"；采用非国标接线板，导致接触不良或没有地线端子	配置交流净化稳压源，将电压控制在220V（10%～−15%）；请电工落实电源地线可靠接地；更换质量可靠的接线板
温度	温度过低，设备不能正常启动；温度过高，电子器件不能正常工作	配置空调，将设备周围环境温度控制在0～40℃范围内
灰尘	空气中灰尘较大，加上设备长时间未做清洁保养，导致内部器件积尘严重，损坏机电器件	定期清除整机外部和部件内部积尘
振动	长期处于振动环境，累计位移超过一定限度，导致器件移位、设备不能正常工作	定期为光障、输送带等部件做调偏，加固紧固件和插接件
湿度	南方山区空气湿度大，再加上昼夜温差大，清晨易产生结露，导致内部器件短路	配置除湿机，将空气相对湿度控制在10%～90%范围内（不结露）

2. 典型人为因素

导致 X 射线安全检查设备故障的典型人为因素如表 3.3.3 所示。

表 3.3.3　导致 X 射线安全检查设备故障的典型人为因素

人为因素	不规范工作场景	预防措施
管理方面	将液体容器放在设备控制台或外盖板上，因倾洒导致电路短路	制定规章，禁止将水杯等液体容器放在设备控制台或外盖板上
	由非专业技术人员移动设备，导致设备故障	移机应由专业技术人员实施
技术方面	关机时，采用关断稳压器、拔电源插头等方式，导致器件损坏	操作员（或管理员）上岗前，应参加正规操作培训
	关机后，未等电源指示灯自行熄灭，直接关断或拔掉稳压器或外接电源，导致计算机程序损坏	用钥匙关机，应等待电源指示灯自行熄灭（一般延时30s）后，再关闭稳压器或切断外接电源

（三）设备与环境保护

1. 固体废弃物回收

设备在其生命周期过程中，可能产生固体废弃物，如铅门帘、输送带、X 射线发生器、含铅的防护部件等。最终应根据当地环境保护部门的要求妥善处置固体废弃物；也可以将其返回厂家或代理方统一处理。

2. 节能降耗

设备耗能较大的部件是输送机、显示器和射线发生器等。对配置有"操作员感应器"的设备，当操作员离开岗位时，设备会自动切断对射线发生器和输送机的供电。对配置有"屏幕保护功能"的设备，当较长时间没有图像产生时，设备会自动将显示器屏幕置于"屏保状态"。对没有配置上述功能的设备，不让输送机（长时间）空载运转，也可以产生较明显的节能效果。

四、任务评价表

将 X 射线安全检查设备保养维护任务评分填入表 3.3.4 中。

表 3.3.4　X 射线安全检查设备保养维护任务评分表

评价类别	评价内容	评分标准	分值	得分
理论知识	X 射线安全检查设备保养维护的种类和基本要求	能准确复述 X 射线安全检查设备保养维护的种类和基本要求。每项缺失、错误扣 5 分，扣完为止	20	
操作技能	X 射线安全检查设备保养维护操作前准备	能按规定准备好定期保养维护所需的用具。每项缺失、错误扣 2 分，扣完为止	10	
	X 射线安全检查设备保养维护操作流程	定期保养维护操作流程正确、不遗漏。每项缺失、错误扣 5 分，扣完为止	40	
	X 射线安全检查设备维护报告填写	能正确填写维护报告。每项缺失、错误扣 2 分，扣完为止	10	
职业素养	操作规范，积极思考，不浪费	能严格按照操作规程，完成后分析总结，没有浪费现象。每项缺失、错误扣 5 分，扣完为止	20	

五、课后练习

1）简述 X 射线安全检查设备保养维护的种类和基本要求。

2）简述 CMEX-DB6550A 设备定期保养维护所需的用具。

3）简述 CMEX-DB6550A 设备定期保养维护时设备清洁的操作及注意事项。

4）练习：以小组为单位，整理 CMEX-DB6550A 设备定期保养维护的操作照片，配上文字说明，填写维护报告并上传。

任务四　便携式 X 射线成像仪的使用

学习目标

1）能知道便携式 X 射线成像仪的用途。

2）能理解便携式 X 射线成像仪的基本工作原理，并熟悉其组成和使用方法。

3）能按照规定操作流程完成便携式 X 射线成像仪的探测，并成功采集到被检物品的 X 射线图像。

4）能严格按照操作规程，完成后分析总结，保持设备完好和场地整洁。

5）养成安全第一、严谨细致的安检工作作风。

一、基础知识

（一）用途

便携式 X 射线成像仪体积小，重量轻，便于携带。在安检现场，可对无法移动或无法打开的可疑物进行透视观察，从而判断是否存在危险物品（如爆炸装置等）。

（二）基本工作原理

便携式 X 射线成像仪的基本工作原理如图 3.4.1 所示。

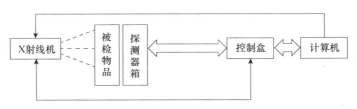

图 3.4.1　基本工作原理

控制盒控制 X 射线机产生射线，穿透被检物品；探测器箱将获取到的被检物品 X 射线图像信息转换后，通过电缆传输给计算机；计算机通过专用软件进行图像显示、处理和存储。

二、能力训练

（一）情景任务

安检现场发现一个无人认领的包裹，性质不明，无法移动和打开。现决定使用北京和为永泰科技有限公司和为系列便携式 X 射线成像仪，采集该包裹的 X 射线图像，为后续处理提供参考依据。

（二）任务准备

1. 准备好和为系列便携式 X 射线成像仪

准备好收纳和为系列便携式 X 射线成像仪的两个周转箱，如图 3.4.2 所示。此处选用的 X 射线机是 XR200 型。

图 3.4.2　便携式 X 射线成像仪

和为系列便携式 X 射线成像仪是由 X 射线机（图 3.4.3）、探测器箱（图 3.4.4）、计算机、控制盒（图 3.4.5）、各类电缆（图 3.4.6 和图 3.4.7）等组成。确认各组成完整无缺。

图 3.4.3　X 射线机（XR200 型）

图 3.4.4　探测器箱　　　　　　　　　　　图 3.4.5　控制盒

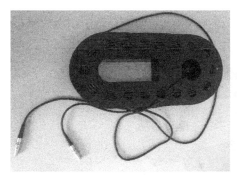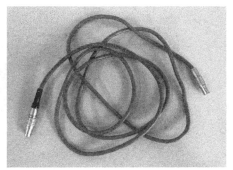

图 3.4.6　50m 信号电缆　　　　　　图 3.4.7　2m X 射线控制电缆

2. 了解 XR 系列 X 射线机的安全规则

XR 系列 X 射线机的泄漏辐射经过我国计量科学研究院测定，达到美国给出的技术指标。每台 XR 系列 X 射线机又都附有美国实测的照射剂量分布图，实际泄漏辐射全低于技术指标允许值，使用十分安全，但使用人员要遵循下列安全规则。

采用延迟发射或近距离手控发射时，操作人员应处于 X 射线机后方 3m 外。在发射 X 射线时，在射线正前方 30m 内和两侧 11m 内，要疏散人员。由于 XR 系列 X 射线机是脉冲工作的，每个小脉冲的宽度不到一千万分之一秒，其剂量不能用由 GM 管或闪烁体做探测器的剂量仪测量，要用热释光剂量仪和积分式电离室剂量仪测量。

XR 系列 X 射线机为工业用品，不能用于医疗和对人体进行照射。由于 X 射线机内有高压放电，不要在有易爆气体和贴近裸露炸药的环境使用。

3. 熟悉 XR200 型 X 射线机的使用

XR200 型 X 射线机的外部结构如图 3.4.8 所示。前半部分是 4 英寸（1 英寸≈2.54cm）的铝制圆筒，其中含有高压发生器和 X 光管。圆筒两侧有辐射警示标志，前方有射线张角标志。机座底部有生产厂和产号标签，机座底部有三脚架安装螺孔。后半部分是控制组件和电池盒。控制组件上有带钥匙的电源开关，接通电源时指示灯亮。电源指示灯在按下延迟发射按钮时闪亮；在发射脉冲时全亮。通过发射脉冲设置按钮，可以设置检测所需的脉冲数 1～99，由液晶数码显示窗显示。电池盒是可以拆卸的。

探测器箱上的 X 射线入射窗（图 3.4.9 红框区域）应放在贴近被检物品的位置，X 射线机应放置在距入射窗 50cm 左右的位置。如果被检物品比较轻薄，透过的 X 光太强而使图像亮度饱和，可以增大 X 射线机到入射窗的距离，使图像亮度不饱和。

4. 熟悉便携式 X 射线成像仪的成像软件 Xshow Soft 的使用

（1）简介

Xshow Soft 是北京和为永泰科技有限公司研发的便携式 X 射线成像仪配套成像软件，功能丰富，具备中文操作界面，界面设计直观可视化，操作流程简洁高效。在系统兼容性方面，Xshow Soft 可稳定运行于当前主流操作系统平台。使用本软件时，需注意以下事项。

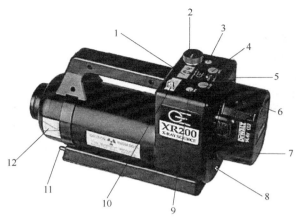

1. 液晶数码显示窗；2. 电源开关钥匙；3. 设置默认脉冲数；4. 调节发射脉冲数；5. 电源指示灯；6. 发射脉冲量程；

7. 电池盒；8. 遥控电缆插座；9. 延迟发射按钮；10. 发射警示灯；11. 三脚架安装板释放按钮；12. 射线张角标志。

图 3.4.8　XR200 型 X 射线机的外部结构

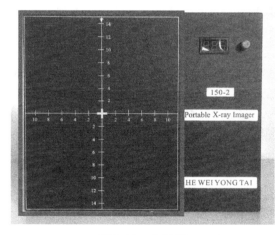

图 3.4.9　入射窗

1）本系统用于应急安检，为了避免受网络病毒袭击而耽误重要的安检任务，运行本软件之前最好断开网络连接。所测图像如果需要通过网络传输，可在关闭软件后进行。

2）计算机的屏幕分辨率需设置为 1280×800 像素，颜色质量设置为 32 位。屏幕底部的工具栏属性设置为"自动隐藏任务栏"，否则会影响图像质量和大小。

3）电源使用方案选择"一直开着"，否则待机后会不能识别 USB 图像卡。不能识别 USB 图像卡时要退出本系统程序，拔出并重新插接控制盒到计算机的 USB 插头，然后重新进入本系统程序。

4）为了能在现场快速启动计算机，可在计算机电源选项中采用"启动休眠"。

（2）使用方法

1）计算机启动前，首先确保控制盒的 USB 插头插入计算机，并且与探测器箱之间的连线正确。计算机启动后，单击桌面软件快捷方式，即可进入本便携式 X 射线成像系统主程序，主程序界面如图3.4.10所示。

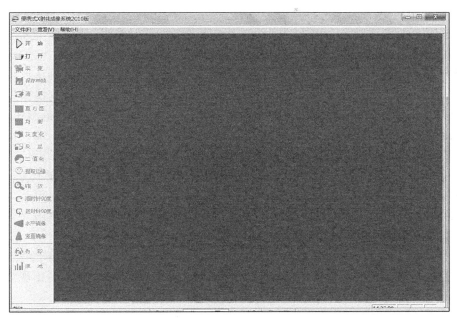

图3.4.10 Xshow Soft便携式X射线成像系统主程序界面

2）单击"帮助"→"注册本软件"，检查本软件是否注册。如果注册对话框中注册号提示"注册成功"，则供应商已经注册，否则根据弹出的注册对话框中"注册方法"提示，进行注册（购买后提供序列号可查看安装目录user-sn.txt文件）。注册完毕，单击"确定"按钮退出。

3）进入主界面以后，左边工具栏中的"开始"和"打开"按钮处于激活状态，其余按钮则为灰色未激活状态。任意单击这两个按钮都可进入视图界面开始下一步的操作。单击"打开"按钮可以打开bmp格式图像文件，单击"开始"按钮采集图像。

4）进入视图界面以后，主框架会出现"文件""灰度变换""几何变换""图像处理""图像采集""图像控制""帮助"菜单，这些菜单主要实现X射线图像采集、处理等操作。左边工具栏中的所有按钮变为激活状态。

5）"文件"菜单下有"新建""打开""关闭""保存""另存为""打印""退出"按钮。

6）"灰度变换"菜单下有"灰度化""颜色映射""反显""二值化""线性/对数/指数拉伸""直方图绘制/均衡"按钮，这些按钮用来实现图像灰度变换。

7）"几何变换"菜单下有"平移""旋转""缩放""镜像""转置"按钮；"图像处理"菜单下有"频域""分割""滤波""锐化"按钮。

8）"图像采集"菜单下有"单帧采集""视频采集"两个按钮。

9）"图像控制"菜单下有"视频源""视频压缩""视频属性"按钮，这些按钮用来设置视频属性。

10）"帮助"菜单下有"帮助""关于本软件""配置"按钮，其中"帮助"按钮可以查看关于本软件的帮助文档，"配置"按钮配置一些关键信息。左边工具栏按钮是实现菜单栏按钮的快捷方法。

11）配置软件基本信息：单击"帮助"菜单下的"配置"按钮，弹出配置对话框，确认设备名称为：Ok Image Capture Device 0；否则更改驱动号（从 0 到 9，一般是 0 或 1），单击"写入配置"，然后"确定"按钮生效后，再打开配置对话框，确认设备名称为：Ok Image Capture Device 0。操作地点和操作人员编辑栏分别填入执行安检操作的地点和人员信息。操作备注编辑框填入备注信息。阈值为图像期望像素值，范围在［0，255］。只有 X 射线图像达到一定的亮度，才能采集到单帧图像，一般设为 20。宽度和高度分别表示被采集图像的宽度和高度。帧率为被采集视频帧率，不可更改。位置（只取 0、1）表示被采集图像是否显示在视图中央，若为 0 则图像显示在视图左上角，若为 1 则图像显示在视图中央。路径表示临时图像存储路径，单击右边按钮可以更改。颜色映射方案用来选取灰度图像映射为伪彩色图像的颜色映射方案。设置好后单击"写入配置"按钮，然后单击"确认"按钮退出。

12）确认软件处于开始状态：单击"图像采集"→"视频采集"（或按 F3 键），出现黑色视频捕获窗口，按控制盒上绿色 CHECK 按钮，查看视频捕获窗是否出现光亮，若是有光亮，说明软硬件正常，否则检查硬件连接是否出现问题。

13）获取单帧图像：采集图像前要确认 X 射线机的摆放是否合适，X 射线机的中轴线要尽量对准入射窗的十字线中心；X 射线机应放置在距入射窗 50cm 左右的位置。立式采集时探测器箱正放，X 射线机的支架仰角用高挡，适用于探测较高物体。横式采集时探测器箱应横放，X 射线机的支架仰角用低挡，适于探测横向扁平的物体。在确认硬件设备连接无误后，单击"采集"按钮（或按 F2 键），出现黑色视频捕获窗口，然后按控制盒上红色 X-RAY ON 按钮（有线模式），或按遥控器上第三个按钮（若有无线模式），开启 X 射线机射线源，最后探测器箱将采集到的 X 射线图像显示在视频捕获窗口。

14）单击"保存单帧"按钮或"文件"→"另存为"/"保存"按钮，保存图像。

15）单击菜单栏上"灰度变换""几何变换""图像处理"等菜单按钮或左边工具栏按钮，对被采集到的图像做进一步的处理。

（3）软件使用

使用本软件必须注册。通过菜单"帮助"→"注册本软件"即可进入"注册"界面，如图 3.4.11 所示。购买用户可在安装目录 user-sn.txt 文件中获取 32 位注册号，也可致电或发电子邮件向北京和为永泰科技有限公司咨询。

图 3.4.11　Xshow Soft 便携式 X 射线成像系统软件注册界面

（三）练习过程

1. 被检物处操作

1）开探测器箱电源（按 POWER 开关），探测器箱前面的指示灯亮起，如图 3.4.12 所示。

2）将探测器箱放置到被检物品后方，入射窗紧贴被检物品，如图 3.4.13 所示。

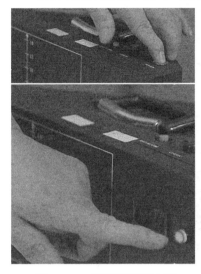
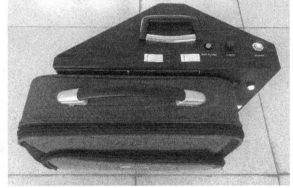

图 3.4.12 开探测器箱电源   图 3.4.13 放置探测器箱

3）将 X 射线机放置到被检物品前方，距离入射窗 50cm 左右，X 射线机中轴对准入射窗十字线中心，如图 3.4.14 所示。

图 3.4.14 放置 X 射线机

4）用 2m X 射线控制电缆连接 X 射线机和探测器箱。红点对准插口处，将电缆一端的插头（无黑色皮套端）插入 X 射线机上的遥控电缆插口，如图 3.4.15 所示。

用同样的方法，将电缆另一端的插头（有黑色皮套端）插入探测器箱背面的插座（Xray-control），如图 3.4.16 所示。

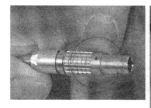

图 3.4.15 控制电缆连接 X 射线机

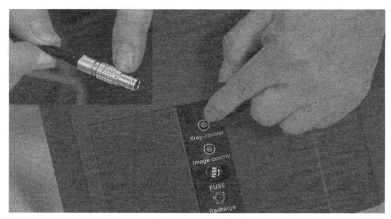

图 3.4.16 控制电缆连接探测器箱

5）顺时针旋钮 X 射线机红色的钥匙开关即可打开 X 射线机电源，检查预设辐射脉冲数，如图 3.4.17 所示。

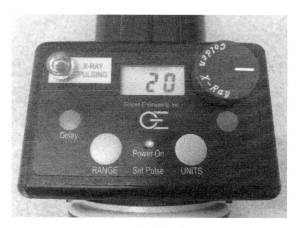

图 3.4.17 检查预设辐射脉冲数

脉冲数越大，穿透力越强。根据不同的检测物体选择脉冲数，脉冲数设置参考值详见表 3.4.1。

表 3.4.1 脉冲数设置参考值

检测材料	脉冲数设置值
木材容器	5～6
塑料容器	4～6
轻金属容器	10
钢管	50

6）用 50m 信号电缆连接探测器箱和控制盒。红点对准插座缺口处，将电缆一端的插头插入探测器箱背面的插口（Image-control），如图 3.4.18 所示。

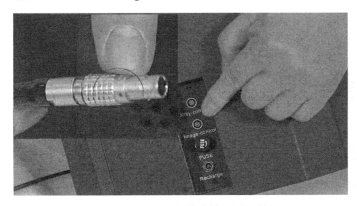

图 3.4.18 信号电缆连接探测器箱

确认探测器箱和 X 射线机的电源保持开通后，释放电缆，直到后方计算机。用同样的方法，将电缆另一端的插头插入控制盒上的插座，如图 3.4.19 所示。

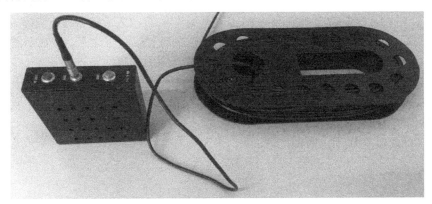

图 3.4.19 信号电缆连接控制盒

7）被检物处操作完成后的整体情况如图 3.4.20 所示。

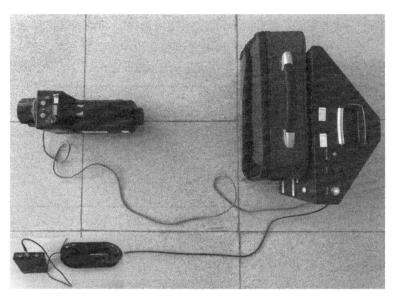

图 3.4.20　被检物处整体情况

图 3.4.21　控制盒连接计算机

2. 计算机处操作

1）将控制盒的 USB 插头连接到计算机的 USB-IMAGE 接口（如图 3.4.21 所示，计算机开机前应确保 USB 插头已连接完成）。计算机启动后，单击桌面上的软件快捷方式，进入便携式成像系统主程序。进入系统程序后，不得再松动或拔插 USB 插头，否则会使 USB 连接失效，需退出系统程序再重启。

2）计算机方面的准备工作完成，等待前方人员完成前方操作。前方人员安置好探测器箱和 X 射线机，将信号电缆连接到计算机，连接控制盒。打开软件，单击"开始"按钮，之后按下 F3 快捷键。在控制盒上有个绿色的按钮，按下之后，在软件图像显示区有光亮可以被看到，说明线路连接正常。

3）单击软件左侧的"清屏"按钮回到以蓝色为背景的主页面下，单击"开始"→"采集"按钮，按下控制盒上的红色按钮不放，遥控发射 X 射线，即可在软件图像显示区采集到所需的图像。如果照射量不合适，再次追加射线量即可。

4）计算机处理并显示出所测图像。

三、拓展学习

《便携式 X 射线安全检查设备技术规范》（GB 12664—2024）

《便携式 X 射线安全检查设备技术规范》是我国针对便携式 X 射线安全检查设备制

定的强制性国家标准，由公安部提出并归口，委托全国安全防范报警系统标准化技术委员会负责执行，国家市场监督管理总局和国家标准化管理委员会联合发布。该标准于2024年8月23日发布，计划于2025年9月1日正式实施，替代原有的GB 12664—2003。

　　该标准规定了便携式Ｘ射线安全检查设备的分类、技术要求、使用说明书，描述了相应的试验方法，确立了检验规则；该标准适用于便携式Ｘ射线安全检查设备的设计、制造和检验，但不适用于基于Ｘ射线背散射技术的便携式Ｘ射线安全检查设备。

　　与GB 12664—2003相比，GB 12664—2024进行了多项修订，包括调整术语定义（如"便携式Ｘ射线安全检查设备"）、新增设备分类、强化电气安全和辐射防护要求，并引入功能要求和Ｘ射线产生装置安全条款。

　　该标准的实施将进一步规范便携式Ｘ射线安全检查设备的技术指标，提升其在反恐、公共安全等场景下的安全性和可靠性，同时推动行业技术进步和标准化发展。

四、任务评价表

　　将便携式Ｘ射线成像仪使用任务评分填入表3.4.2中。

表 3.4.2　便携式Ｘ射线成像仪使用任务评分表

评价类别	评价内容	评分标准	分值	得分
理论知识	便携式Ｘ射线成像仪的用途	能准确复述便携式Ｘ射线成像仪的用途。每项缺失、错误扣2分，扣完为止	10	
	便携式Ｘ射线成像仪的基本工作原理	能准确复述便携式Ｘ射线成像仪的基本工作原理。每项缺失、错误扣2分，扣完为止	10	
操作技能	便携式Ｘ射线成像仪操作前准备	能完整准备好便携式Ｘ射线成像仪，熟悉XR200型Ｘ射线机和便携式Ｘ射线成像仪成像软件Xshow Soft的使用。每项缺失、错误扣2分，扣完为止	20	
	便携式Ｘ射线成像仪操作流程	操作流程正确、不遗漏，能成功采集到被检物品的Ｘ射线图像。每项缺失、错误扣5分，扣完为止	40	
职业素养	操作规范，积极思考，爱护设备、环境	能严格按照操作规程，完成后分析总结，保持设备完好和场地整洁。每项缺失、错误扣5分，扣完为止	20	

五、课后练习

　　1）简述便携式Ｘ射线成像仪的用途。
　　2）简述便携式Ｘ射线成像仪的基本工作原理。
　　3）简述和为系列便携式Ｘ射线成像仪各个组成部分的名称。
　　4）简述2m Ｘ射线控制电缆的连接方法。
　　5）简述50m信号电缆的连接方法。
　　6）练习：以小组为单位，使用便携式Ｘ射线成像仪检查可疑包裹，拍摄视频并上传。

毫米波人体安全检查设备的使用与维护

　　毫米波是指频率在 30～300GHz 的电磁波，波长为毫米量级。毫米波的波段处于微波与太赫兹波之间，频率比微波高，与太赫兹频段有一定的交叠。毫米波可以穿透常见的衣物、塑料等遮挡材料，不具有致电离性，特别适合用于人体安检。

　　基于毫米波技术进行人体扫描的安全检查设备主要包括被动式毫米波成像设备和主动式毫米波成像设备：前者检查速度慢，使用环境受限，且能检查的最小物品尺寸为 5cm×5cm，小型违禁品如刀片、打火机则难以检测；而主动式毫米波成像设备检查速度快，使用环境不受限制，且能检测的最小物品尺寸为 5mm×5mm，因此目前国际上主要使用主动式毫米波成像设备。例如，威视 MW1000AA 毫米波人体安全检查仪（简称毫米波安检仪），它通过分析人体反射的毫米波信号快速检测藏匿于衣物下及人体体表的金属或非金属嫌疑物，不仅能够以图像的方式显示扫描结果，还能对违禁品位置进行自动标识，实现了高效、文明的人身非接触查验。与传统手段相比，它具有检查全面、方便、快捷、人性化等优势，且不存在电离辐射风险。

　　本模块中将以威视 MW1000AA 为例，通过威视 MW1000AA 毫米波人体安全检查仪的安装测试、使用、保养和维护三个任务，和大家一起学习、了解毫米波人体安全检查仪的工作原理、性能特征、使用方法和维护知识。

任务一　毫米波人体安全检查仪安装测试

学习目标

　　1）能正确解释毫米波的概念及特点。
　　2）能正确解释毫米波人体安全检查仪的功能及分类。
　　3）能严格按照操作规程，正确启动和关闭毫米波人体安全检查仪。
　　4）养成认真细致、严谨负责的安检工作作风。

一、基础知识

　　（一）毫米波的概念及特点

　　毫米波是指波长介于 1～10mm，频率范围为 30～300GHz 的电磁波，波长在毫米量级，其在电磁波谱中的位置如图 4.1.1 所示。在低频段，毫米波与微波波段相连，在高频段，毫米波与太赫兹波段有交叉重叠。毫米波技术是从微波波段发展而来的，近年来随着毫米波集成电路技术的快速发展，毫米波器件的集成度越来越高，器件逐步小型化，加之硬件成本显著降低，毫米波技术实现了大规模推广应用。

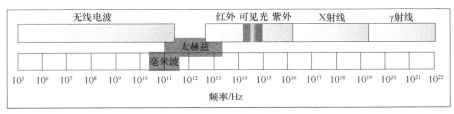

图 4.1.1 毫米波在电磁波谱中的位置

毫米波的特点主要如下：

1）波长在毫米量级，相比 X 射线不具有致电离特性，且难以穿透人体皮肤表面，因而低功率毫米波信号对人体无害。常见的主动式毫米波成像仪的毫米波源发射功率要小于 1mW，对人体一次成像所产生的电磁辐射功率密度要小于欧洲标准所规定的人体所能接受的最大值（50W/m^2）的千分之一。

2）毫米波对常见衣服穿透能力强，对人造纤维、尼龙、丝绸、皮革、羊毛等常见材料穿透率高，很多在光学频段无法穿透的材料对于毫米波来说是接近透明的。因此，毫米波成像在很多情况下具备天然的优势，是一种适合用于无接触、非侵入式安全检查的理想技术。

3）毫米波人体安全检查仪，采用毫米波进行成像，能够获得毫米波级的图像分辨率。毫米波的波长为 1～10mm，采用毫米波全息成像能够实现接近半波长的高分辨率成像；并且人体皮肤对毫米波的反射率接近金属反射的水平，由于反射率高，在高亮的人体背景下，低亮度的粉末状可疑物以及其他各类可疑物的轮廓会凸显。因此，0.5～5mm 的分辨率将能够满足人体安检中对枪支、刀具、爆炸物，甚至打火机、小袋毒品等违禁品的查验。

（二）毫米波人体安全检查仪的功能与作用

毫米波能穿透衣物，具备检查藏匿于衣物之下违禁物品的能力，与同样具有强穿透能力的 X 射线相比，又不会对照射到的物体产生辐射，保证了其用于公众人员安全检查的安全性。因此，基于毫米波全息成像技术的毫米波人体安全检查仪应运而生，它主要采用通道门式设计，被检人在通道门中指定位置停留不到 2s，即可得到其全身毫米波全息图像，包括被检人可能藏匿的各种金属、陶瓷、液体、毒品、爆炸物等违禁品的图像。随后，设备内置的自动识别算法将对图像进行分析，并自动给出违禁品的位置信息，显示在一幅人体卡通图上。而后，由安检员对照毫米波人体安全检查仪给出的检查图像，对报警旅客进行手工人身检查。这样不仅能准确快速找到违禁品，最关键的是通过毫米波的预检，无报警旅客可免于手工人身检查。对于报警旅客，安检员在进行有针对性的人身检查时，避免了盲目搜身检查，最大限度地保护了旅客隐私。同时，毫米波人身安全检查仪解决了以往人身检查仪器，即通过式金属武器探测门以及手持式金属武器探测器对于非金属类违禁品不报警的问题。因此，目前毫米波人体安全检查仪广泛用于机场、海关、监狱、轨道交通、大型活动等多种需要对人体进行安全检查的重要场所，应用前景广阔。

（三）毫米波人体安全检查仪的分类

基于毫米波技术进行人体扫描的安全检查设备主要包括被动式毫米波成像设备和主动式毫米波成像设备。

1. 被动式毫米波成像设备

被动式毫米波成像设备是利用人体辐射的毫米波聚集成像的装置。物体所辐射出的毫米波射线的量取决于物体的物理性能和温度，人体辐射的毫米波比金属、陶瓷、塑性炸药、粉状炸药及衣物、绝缘材料都多。被动式毫米波成像设备就是利用了这一原理，它自身并不发射任何射线或者能量，而是利用物体和人身体自身产生和反射的毫米波进行对比成像。因此，对人体绝对无害，但也正是因为上述原因，被动式毫米波成像设备对环境要求比较高，温度不能超过 26℃，所以只能用于室内安检。基于物体和身体（身体作为背景）对比原理的被动式毫米波成像设备，通过软件对图像的分析，可以自动探测危险物品的存在，减少了分析时对人主观上的依赖，尤其是其成像不会暴露个人隐私。

2. 主动式毫米波成像设备

主动式毫米波成像设备是利用接收毫米波照射后的回波信号，对回波信号进行信号处理后形成的实时显示的高分辨 3D 全息图像。主动式毫米波成像设备可检查的最小物品尺寸为 5mm×5mm，可以基本覆盖现有危险品；其发射功率仅有手机的 1/1000，符合国际安全规范，对人体无害；所成图像会显示人体生理特征，需要采用遮挡或卡通化处理保护人体隐私；环境适应性强，不受温度、阳光、周围辐射源的影响，且检查速率为 8s/人，相比被动式毫米波成像设备的 15s/人，缩短近一半时间，极大提高了安检速率。另外，主动式毫米波成像设备的判图模式除了被动式毫米波成像设备的人工判图之外，还有计算机辅助自动识别功能，提高了判图的准确性和科学性；但是只能做到静态检查，即被检查人需要静止站立在指定位置。

二、能力训练

（一）情景任务

机场安检机构新购进了一批 MW1000AA 毫米波人体安全检查仪，进行设备更新。作为一名机场安检设备部门的工作人员，需对 MW1000AA 进行安装测试，了解其基本功能，熟练掌握其操作方法。

（二）任务准备

1）确认配件齐全，如图 4.1.2～图 4.1.5 所示。

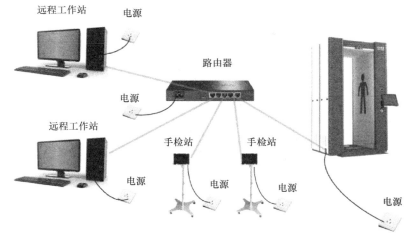

图 4.1.2　主设备、检查站及手检站

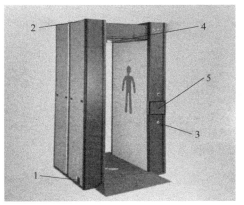

1. 底部对外接口板；2. 顶部对外接口板；

3. 钥匙开关；4. 通道照明灯；5. 触摸屏组件。

图 4.1.3　MW1000AA 主设备外观图

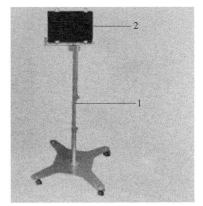

1. 手检站支架；2. 平板电脑。

图 4.1.4　手检站组成

1. 液晶显示屏；2. 远程工作站；3. 无线键盘；4. 无线鼠标。

图 4.1.5　远程检查站组成

2）确认电源及网络连接，如图 4.1.6 和图 4.1.7 所示。

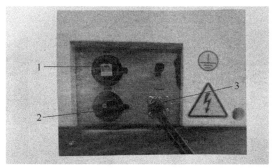

1. 网线接口；2. USB 接口；3. 电源接口。

图 4.1.6 MW1000AA 对外接口板

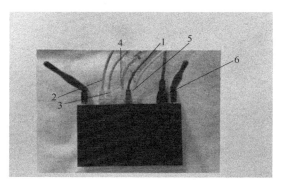

1. 接设备端；2. 接手检站；3. 接手检站；4. 接远程检查站 1；
5. 接远程检查站 2；6. 接路由器电源线。

图 4.1.7 路由器连接图

主设备电源接口共有两处，分别位于底部对外接口板位置及顶部对外接口板位置（图 4.1.3）。

MW1000AA 毫米波人体安全检查设备配置如图 4.1.2 所示为"1+2+2"模式，一套毫米波设备配两个手检站和两个远程工作站，设备和手检站之间通过无线路由器的 Wi-Fi 进行连接，远程工作站通过网线与路由器连接接入设备，以实现各个设备部件之间的通信。

（三）练习过程

1. 启动仪器

插入上电启动钥匙，仪器启动需要约 3min。

在设备端，将上电启动钥匙插入钥匙开关 🔘，顺时针旋转钥匙由"OFF"转至"ON"，系统照明电源立即接通，设备通道内顶部照明灯点亮，设备其他电源 10s 后接通，完成整机上电，设备服务器开始上电自启动。

2. 测试登录系统

1）系统启动后，登录界面显示在触摸屏上，进入登录界面，如图 4.1.8 所示。

2）输入用户名和密码，单击"登录"按钮，用户名和密码验证通过则进入主界面，否则提示错误信息。

登录到主界面，正常状态下主界面如图 4.1.9 所示。

图 4.1.8 MW1000AA 登录界面

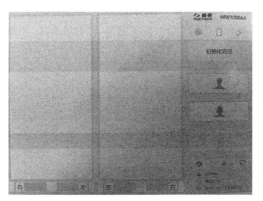

图 4.1.9 MW1000AA 正常状态下主界面

3. 系统初始化

进入主界面后进行初始化操作，包括硬件初始化、加载硬件执行流程等。初始化的实时状态会显示在"设备状态"子面板中，有相应的文字和图标说明。

初始化结束后，状态子面板中的图标为▨，表示初始化正常。图标●，表示存在问题，系统无法正常工作。当系统出现异常时，可打开"帮助"页（单击●打开），选择帮助页面左侧的"选项"按钮，选中所需选项，查看信息提示。

4. 系统注销

（1）手动注销

单击主界面的▨图标，弹出退出界面，在弹出的对话框中选择"退出"，系统退出到登录界面。

（2）自动退出

在系统主界面，系统持续 5min 无输入操作，系统自动退出到登录界面。

5. 关机

在设备端，逆时针旋转上电钥匙由"ON"转至"OFF"，取下钥匙，系统开始关机计时 40s，同时服务器自动退出并关机，设备自动断电。

三、拓展学习

其他类型非接触式人体安全检查技术

目前，对人体进行安检的手段主要分为接触式和非接触式两种。前者主要是通过安检员的搜身或手持小型金属探测仪进行近体检查来实现，这种方式不仅耗时，而且侵犯被检查人的隐私；后者能够实现快速非接触式的检查，检查方式更加人性化，结果更全面、更快速，同时确保被检人隐私，代表了人体安检技术的发展方向。非接触式人体安全检查需要以成熟的人体成像系统和设备为支撑。目前，常见的人体成像技术有三种类别：X 射线透视成像、X 射线背散射成像和毫米波成像，后两种是极具市场和发展潜力的人体安检技术，也正是世界各国正在大力发展和推广的技术。毫米波人体安检技术本节已进行讲述，以下简要介绍另外两种非接触式人体安全检查技术。

（一）X 射线透视成像

人体 X 射线透视成像利用不同厚度、不同密度的物质对 X 射线的吸收不同来成像，成像清晰，类似于医学透视图像，且其检查速度快，无须特定姿势和转身。因此，它最大的特点是适合进行体内检查。检查物质类型包括：金属、陶瓷、塑料等各类危险品。但因其存在 X 射线电离辐射，可能会对被检人员造成累积伤害的风险。因此，X 射线透视成像安检设备，并不适用于对公众进行普查，但适合特殊情况下适用，如检查体内藏毒。

（二）X 射线背散射成像

背散射人体安全检查是对人体进行表面成像，以图像的方式进行检查的一种非接触式人体安检技术。背散射成像技术，利用体表不同密度的物质对 X 射线的反射不同来成像。该技术在不接触人体的情况下，可快速有效地检查出藏匿于衣物下的违禁品与危险品，包括金属/非金属刀具、塑料、陶瓷、液体、爆炸物，特别适合检查塑性炸药。安检员通过隐私过滤后的扫描轮廓图像，直观了解危险品或违禁品的具体位置，从而节省了大量的安全检查时间，也保护了被检查者的隐私。

安全性方面，X 射线透视成像技术单次检查小于 1mSv[①]低剂量照射，对人体相对安全；X 射线背散射成像技术单次扫描有效剂量不超过 0.25mSv，超低剂量辐射，对人体相对安全。但无论是 X 射线透视成像技术还是 X 射线背散射成像技术，都存在电离辐射，因此不排除累积伤害的风险；而毫米波成像技术是利用电磁辐射，无电离辐射，是目前非接触式人体安检技术中最安全，对人体无伤害的一项技术。

四、任务评价表

将毫米波人体安全检查仪安装测试任务评分填入表 4.1.1 中。

表 4.1.1　毫米波人体安全检查仪安装测试任务评分表

评价类别	评价内容	评分标准	分值	得分
理论知识	毫米波人体安全检查仪的概念	能准确复述毫米波人体安全检查仪概念的得分，未完成 0 分	10	
	毫米波人体安全检查仪各部件主要功能	能准确解释毫米波人体安全检查仪各部件名称及作用。每项缺失、错误扣 5 分	20	

---

① mSv 是辐射剂量单位，全称为毫希沃特或毫希伏，英文简称为 mSv，是用来表示人体所受到的辐射大小的单位。

续表

评价类别	评价内容	评分标准	分值	得分
操作技能	1）开关机操作； 2）登录并完成软件初始化	正确连接电源；正确启动检查仪；完成系统初始化；正确登录系统；正确关机。每项缺失、错误扣10分	50	
职业素养	操作规范，爱护仪器设备	检测时认真仔细，检测成功后还原，保持设备和场地整洁。每项缺失、错误扣5分	20	

五、课后练习

1）简述 MW1000AA 安装测试的主要项目。

2）简述毫米波人体安全检查仪的概念。

3）简述 MW1000AA 各部件的作用及功能。

4）练习：以小组为单位，完成 MW1000AA 毫米波人体安全检查仪安装检测的完整流程并上传视频。

任务二　毫米波人体安全检查仪的使用

学习目标

1）能正确解释毫米波人体安全检查仪的工作原理及主要功能。

2）能根据设备使用说明书，了解毫米波人体安全检查仪的主要部件及功能。

3）能根据操作规程，正确操作毫米波人体安全检查仪并根据扫描图像对旅客进行手工人身检查。

4）养成安全第一、严谨细致的安检工作作风。

一、基础知识

（一）毫米波人体安全检查仪的工作原理

毫米波全息成像技术基于毫米波与被测人体相互作用后强度和相位的变化与人体表面状态相关这一原理，利用毫米波对常规衣物的穿透能力，进行人体表面成像。成像系统向人体发射一定频率范围的毫米波信号，毫米波透过衣物后，被人体表面或者衣物隐匿的物体反射或散射，该系统接收返回的毫米波信号，记录其幅度和相位信息并重构人体表面图像，从重构的人体表面图像进而确定被检人是否随身携带或隐匿违禁物品。

毫米波人体安全检查仪采用毫米波探测原理，基于毫米波全息成像技术，使用高集成度毫米波收发阵列，配合双面联动机械扫描的方式实现对被检查对象的全身快速扫描成像。扫描开始时，运行检查计算机向电控箱和数据采集模块、扫描控制模块发出开始扫描的指令，电控箱开始驱动电机转动,电机带动正/背面两个毫米波收发阵列上下移动。移动的同时，扫描控制模块控制毫米波收发模块进行天线和频率的切换，数据采集模块对毫米波收发模块输出的信号进行采集，并实时传送到运行检查计算机。扫描完成后，运行检查计算机对数据进行处理，最终得到毫米波全息图像数据（图 4.2.1）。根据系统的不同设定,该图像数据将送给看图员直接看图,或者由计算机自动进行嫌疑物的识别,并在卡通图上进行标识,提示安检员对有嫌疑的部位进一步检查。

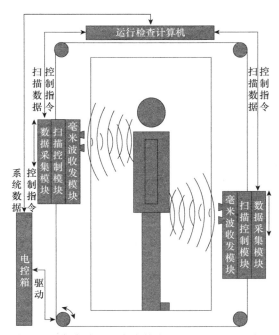

图 4.2.1   毫米波人体安全检查仪的工作原理示意图

(二)毫米波人体安全检查仪的结构及其功能

毫米波人体安全检查仪一般由人体安全检查设备端、手检站、远程工作站组成,其主要功能如下。

1. 人体安全检查设备端及手检站

人体安全检查设备端是毫米波人体安全检查仪的主要组成部分,是发射毫米波对旅客进行检查,并生成图像的设备。手检站,由平板电脑和手检站支架组成,用于接收检查结果,并以无差别卡通图像显示,辅助手检工作人员对被检人员进行定点检查。设备端及手检站(图 4.2.2),仅显示隐私保护图(标准人偶图像)且无图像处理功能,仅在有嫌疑物的位置显示橙色圆圈,如图 4.2.3 所示,操作人员和被检人员均看不到原始图

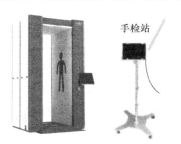

图 4.2.2   设备端及手检站

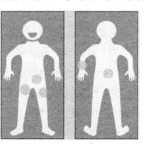

图 4.2.3   标准人偶图像

像，只能见到嫌疑框相对人体的位置，手检员借助人偶图像和藏匿物位置标注框选择手检重点部位。

2. 远程工作站

远程工作站（图 4.2.4），主要用于在远距离的情况下，对设备扫描原始图像进行操作和存储。在远程工作站，操作员可以对设备进行判图、发送通过或报警结论等操作，判图结论将传送给人体安全检查设备端或手检站。远程工作站可选择出现标准人偶图或原始图像。如果设定为显示原始图像，则系统会对被检人图像的面部及隐私部位进行模糊处理，且远程判图员无法看到扫描图像所对应的被检人员光学图像，以保护被检人员的隐私，如图 4.2.5 所示。

图 4.2.4 远程工作站

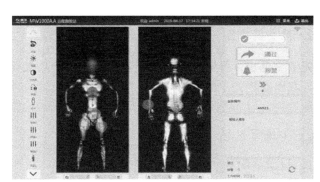

图 4.2.5 远程工作站原始图像

二、能力训练

（一）情景任务

毫米波人体安全检查仪是目前人身检查中效率高、隐私性强、安全可靠的一种检查设备，目前各大机场都有应用。掌握毫米波人体安全检查仪的操作方法是安检人员的一项基本要求。作为一名旅检通道人身检查员，请利用 MW1000AA 毫米波人体安全检查仪对旅客进行人身检查，查找出旅客身上的违禁物品。

（二）任务准备

1. 选择工作模式

MW1000AA 毫米波人体安全检查仪同时具备自动探测模式和人工判图模式：在自动探测模式下，设备对被检人体进行自动探测，自动识别结果将直接出现在触摸屏上，如果搭配使用手检站，则判图结论会直接发送到手检站上；在人工判图模式下，扫描后的原始图像（含自动识别结果），首先发送到远程工作站，判图员目视检查此人体图像并人工标记违禁物品或其模拟物的位置后，再将结论回传到设备端触摸屏或手检站上，如图 4.2.6 所示。

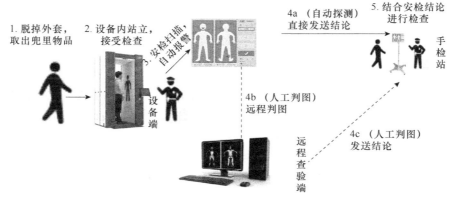

图 4.2.6　工作模式流程图

2. 检查前准备

先清空通道；再请被检人员把随身携带的物品寄存或放于行李检查系统中，并脱掉外套，取出衣物兜里的各种物品，准备接受检查。同时注意，衣物上尽量避免有过多的拉链和饰物，鞋帮不要高于脚踝，否则可能会影响检查效果。

（三）练习过程

1. 扫描准备

引导被检人员从安检仪的入口进入系统主机的通道中接受检查。被检人员需按地面脚印示意站定，双目平视前方，上身直立，双手自然下垂并张开一定角度。在通道中静止站立好后（图 4.2.7 和图 4.2.8），启动扫描流程。

图 4.2.7　站姿引导示意图

图 4.2.8　旅客过检示范图

2. 进行扫描

单击扫描按钮（图 4.2.9），开始人身安全检查。

扫描状态时，通道上方的指示灯为蓝色（图 4.2.10）。

当被检人员有嫌疑时，通道上方指示灯变为红色（图 4.2.11），系统声音提示"请检查"，这时有嫌疑的被检人图像（图 4.2.12）会被传送到设备端及手检站的触摸屏上。

（a）男士扫描按钮

（b）女士扫描按钮

图 4.2.9　扫描按钮

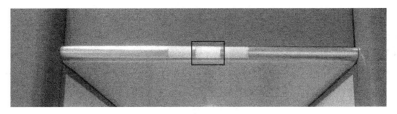

图 4.2.10　扫描状态指示灯——蓝色

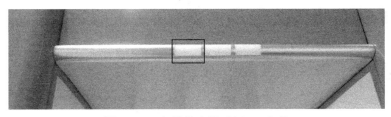

图 4.2.11　扫描状态指示灯——红色

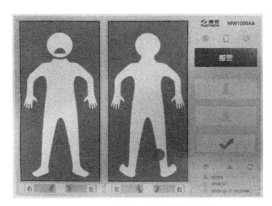

图 4.2.12　有嫌疑的被检人图像

　　若被检人无嫌疑时，通道上方指示灯为绿色（图 4.2.13），人身检查设备端或手检站屏幕上呈现如图 4.2.14 所示的图像，系统声音提示"请通过"。

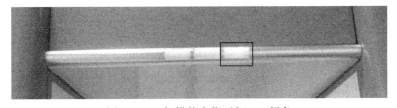

图 4.2.13　扫描状态指示灯——绿色

在检查过程中，因为被检人员在通道内移动，或站姿错误，系统则不会给出安检结论，需重新扫描（图 4.2.15）。此时，通道上方的指示灯不亮（图 4.2.16），系统声音提示"请重新扫描"。

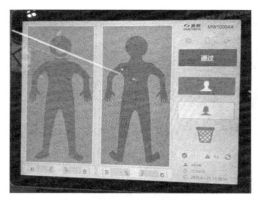 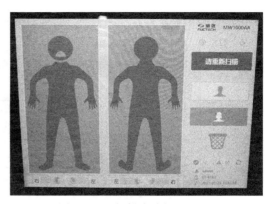

图 4.2.14 被检人无嫌疑图像　　　　　图 4.2.15 扫描失败提示图

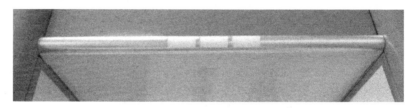

图 4.2.16 扫描状态指示灯——未亮起

3. 根据扫描结果进行手工人身检查

若扫描成功并且有可用的手检站，扫描结束后触摸屏上会出现前往对应编号手检站的提示。被检人员前往对应编号的手检站接受检查（图 4.2.17）。手检员根据远程查验站给出的判图结论对被检人员进行重点检查。

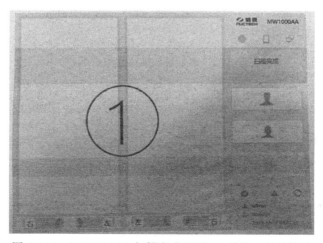

图 4.2.17 MW1000AA 扫描完成界面——前往 1 号手检站

若扫描成功但是当前没有可用的手检站，触摸屏上不提示前往手检站的编号，被检人需等待；当远程判图结束，提示判图结论，触摸屏按钮▔▔▔亮起，操作员此时可单击该按钮，触摸屏上会显示带有嫌疑框的卡通图像，将触摸屏暂时切换为手检站进行手检；如操作员不单击该按钮，则当某手检站工作结束后，触摸屏会将结论传送至该手检站，并在屏幕上给出该手检站的对应编号，以提示被检人员前往该处接受检查。

4. 检查结束

扫描完成，如果触摸屏上提示被检人员前往对应手检站接受检查，则操作员可直接开始下一次安检扫描；如果操作员选择将触摸屏切换为手检站进行手检时，则只有当操作员手检结束，并单击触摸屏右下方的▔▔▔按钮后，才允许进行下一次安检扫描。

提示：若设备开启脚底金属探测功能，如果被检测人员的脚底含有金属器件，扫描结论上会自动予以报警，以提示操作人员；若随机报警开启，会按照设置的比例，对有效扫描的被检人员随机抽取，被抽取图像下方显示黄色区域▔▔▔，以提示操作人员。

三、拓展学习

毫米波人体安全检查仪远程检查站功能简介

毫米波人体安全检查仪的远程检查站可以显示被扫描人的原始图像，在人工判图模式下，远程检查站的安检人员可以通过对原始图像进行判读，找出并标记违禁品的位置。这就要求远程检查站的安检人员具有一定的判图能力，以 MW1000AA 为例，远程查验站软件提供多种实用的图像处理功能，辅助图像识别和判断（图 4.2.18 和图 4.2.19），具体如下。

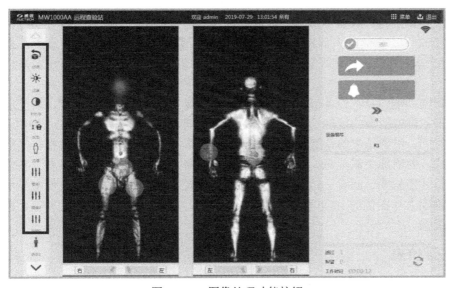

图 4.2.18　图像处理功能按钮

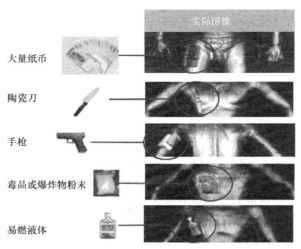

大量纸币

陶瓷刀

手枪

毒品或爆炸物粉末

易燃液体

图 4.2.19　部分嫌疑物图像范例

亮度调节 ☀，对图像亮度进行增大或减小调节；对比度调节 ◑，对图像对比度进行增大或减小调节；反色显示 🖼，对图像进行反色处理，饱和度取反，黑白图像灰度值取反；边缘处理 🗓，对图像进行边缘轮廓显示；图像增强 ⅲ，对图像进行增强显示，获得图像的最佳对比度；伪彩显示 🧍，对图像进行红色、蓝色、橙色、紫色等伪彩显示；图像还原 ↩，一键将图像还原成操作之前的状态，操作简便；图像放大，支持图像连续放大，可以通过转动鼠标滑轮实现，任意区域最大放大倍数大于 4 倍，操作简单方便。

此外，该设备还具备图像存储及图像保密功能。图像存储功能包括：设备生成的所有图像可自动存储在设备的内部存储器中；以小时为单位设定存储时间，自动删除存储时间到达设定值的图像；图像存储溢出时，按照先入先出原则有序删除存储图像；所存图像包括设备识别号（设备 ID）、操机员身份号（操机员 ID）、图像生成时间等信息。自动探测模式下，存储的人偶图像保留自动探测报警结果，人工判图模式下，存储的人体图像分别保留自动探测报警结果和人工标记；设备可存储大于 10000 名被检人员的图像。

图像保密功能包括：设备以特殊格式对人体图像的原始数据进行存储，只能通过专用软件再现，再现图像的处理功能与设备的功能相同，图像数据与设备 ID、操机员 ID、图像生成时间、报警结果等信息相关联。专用软件能将人体图像的原始数据转换成标准的图像格式，并附加关联信息。设备能够保证所存储人体图像的安全，只有具备管理员权限的人员才能检索、回看、转存和删除所存储的人体图像，并在日志文件中显示进行过转存或删除人体图像的 ID 和操作人员 ID。其他人员不能检索、回看、转存、删除、打印人体图像。

四、任务评价表

将毫米波人体安全检查仪使用任务评分填入表 4.2.1 中。

表 4.2.1　毫米波人体安全检查仪使用任务评分表

评价类别	评价内容	评分标准	分值	得分
理论知识	毫米波人体安全检查仪的工作原理	能准确复述毫米波人体安全检查仪的工作原理，每项缺失、错误扣 5 分	10	
	毫米波人体安全检查仪的主要功能	能准确解释毫米波人体安全检查仪的工作模式；能准确复述毫米波人体安全检查仪图像处理功能，每项缺失、错误扣 5 分	20	
操作技能	1）正确操作毫米波设备；2）对被检人员进行人身安全检查	能正确引导被检人员取出身上物品并按照要求站好；正确操作毫米波安全检查仪对被检人员进行检查；结合远程判图结果，对被检人员进行手工人身检查。每项缺失、错误扣 10 分	50	
职业素养	操作规范，爱护仪器设备	操作规范，检测时认真仔细，使用专业文明用语，保持设备和场地整洁。每项缺失、错误扣 5 分	20	

五、课后练习

1）简述 MW1000AA 毫米波人体安全检查仪的检查步骤。

2）简述 MW1000AA 毫米波人体安全检查仪的工作模式。

3）简述 MW1000AA 毫米波人体安全检查仪的隐私保护措施。

4）练习：以小组为单位，角色扮演，使用 MW1000AA 毫米波人体安全检查仪进行人身安全检查并上传视频。

任务三　毫米波人体安全检查仪保养和维护

学习目标

1）能正确说出毫米波人体安全检查仪设备日常保养和维护的主要项目。

2）能根据毫米波设备维护保养项目操作流程，进行毫米波人体安全检查仪的常规保养。

3）能根据毫米波人体安全检查仪的故障表现，正确判断故障原因，进行简单故障排除。

4）养成安全第一、严谨细致的安检工作作风。

一、基础知识

（一）毫米波人体安全检查仪日常保养和维护

通常情况下，电子类产品设备，应安装在通风、灰尘少、干燥的环境中，忌高温、潮湿和日光的直接照射，并且在日常使用过程中要注意观察设备运转情况，做好日常保养与维护。MW1000AA 毫米波人体安全检查仪设备运行与维护的外部条件与常见室内电子设备的基本相同，主要包括电源、环境两方面。首先，在电源方面，供电电压：220VAC；供电频率：50Hz；功率：1kW（峰值）；电流：4.6A；电源插座与设备距离：≤5m。其次，在环境方面，运行环境的温度需要在−5～45℃、湿度在 0～93%，不结露。存储环境的温度需要在−20～55℃、湿度在 0～93%，不结露。毫米波人体安全检查仪不允许露天放置，如果设备存储及部署场地可能存在漏雨、大量灰尘等情况，需妥善做好防护工作。针对毫米波人体安全检查仪，日常保养和维护的主要项目有清洁显示器、检查指示灯、检查紧急停止开关三项。

1. 清洁显示器

毫米波人体安全检查仪的主机设备端、手检站以及远程工作站在长期运行过程中以及空置时，显示器表面会落有指纹印记或灰尘，容易造成屏幕模糊不清，影响操作人员判断图像，进而影响人身检查的精准度。因此，在日常对设备的维护保养中应注意查看显示器屏幕是否清晰，是否落有指纹印记或灰尘。使用专用的毫米波人体安全检查仪显示器中性清洁剂及超细纤维清洁布，清洁显示器屏幕。在清洁的过程中，不能让异物或液体进入设备，以防引起漏电或引发事故。

2. 检查指示灯

在设备运行前调试、运行过程中以及日常维护保养过程中，应查看指示灯是否能正常点亮，同时每种检查状态对应的蓝、红、绿等指示灯是否能相对应亮起，起到准确视觉报警作用。

3. 检查紧急停止开关

紧急停止开关是毫米波人体安全检查仪关键的安全装置，在遇到紧急情况时，按下该按钮，设备立即停止部件的运动，可及时阻止意外或危险事件的发生。在日常维护保养中，应查看紧急制动开关是否有位置异常（即是否已经触发）、安装松动、外壳破损等情况。

（二）毫米波人体安全检查仪常见故障排除

毫米波人体安全检查仪在使用过程中可能出现故障，如果不及时处理，将会影响设备正常使用，降低人身检查过检速率，甚至可能发生漏检、误检等状况，严重影响安全检查的工作质量，危及民航运输安全。因此，现场操作毫米波人体安全检查仪的安检员要具备常见故障及排除方法的基本知识和技能，详见表 4.3.1。

表 4.3.1　毫米波人体安全检查仪常见故障及排除方法

故障类型	故障原因	排除方法
旋转钥匙开关，设备无法上电	设备供电电缆插头松动	1）先检查设备供电电缆插头是否已插入使用场所电源插座，并供电正常，如发现插接松动，请重新插入； 2）如依据上述步骤不能清除故障现象，则需联系专业维修人员
系统软硬件发生故障无法继续操作	软件或系统故障	1）在设备端，逆时针旋转上电钥匙由"ON"转至"OFF"，系统开始关机计时 90s，同时服务器自动退出，90s 到时设备自动断电关机； 2）设备通道指示灯熄灭后，顺时针旋转上电钥匙由"OFF"转至"ON"，等待系统开机

二、能力训练

（一）情景任务

民航安检员需要具备对毫米波人体安全检查仪进行日常保养的能力，并了解各部件间的关系，熟悉常见故障现象，知道简单故障的排除方法，这是日常保养的重要工作要求。作为一名安检设备工作人员，请对 MW1000AA 毫米波人体安全检查仪进行日常维护。

（二）任务准备

1）准备好显示器清洁剂、清洁布、毛刷、吸尘器等工具。
2）参照产品说明书、保养手册。
3）硬件维护保养时，应提前切断电源。
4）填写保养维护记录单。

（三）练习过程

1. 清洁周边区域

确保毫米波人体安全检查仪周围区域及检查通道内无脏物和灰尘。灰尘和脏物会影响毫米波人体安全检查仪的灵敏度，因此日常使用前后及空置期间，要检查保证毫米波人体安全检查仪的设备端、手检站、远程工作站周围及主机设备端通道内无杂物，使用前要用清洁布、毛刷、吸尘器等卫生工具对以上部位及周围进行清洁，做到干净清爽。

2. 清洁显示器屏幕

首先，使用专用的毫米波人体安全检查仪显示器清洁剂及清洁布，清洁显示器屏幕。在清洁的过程中，不能让异物或液体进入设备，以防引起漏电或者引发事故。然后，开机检查设备端、手检站及远程工作站的显示器屏幕是否正常显示、亮度是否适应安检通道内灯光环境，必要时进行调整。

3. 检查报警指示灯

在日常维护中，如果发现指示灯元件或者接线头有松动的现象，应立刻使用维修工具进行紧固；如果发现有元器件锈蚀时，应联系安检设备维修部门，由专业维修人员进行更换；如果发现有元器件损坏时，应查明原因，排除故障后再更换新的器件。器件更换以后，相关的参数都要进行调整，然后才能正常使用。

4. 检查紧急停止开关

如果发现开关安装松动、外壳破损，应立即停止设备的运行，联系专业维修人员维护或更换相应的紧急停止开关，维修完毕后，设备才可以正常使用。此时，按下该紧急停止开关，系统内电机停止转动，设备主机界面上会显示紧急停止开关被按下的信息提示，表明该开关已经能正常工作。因紧急停止开关具有锁定功能，如果需要恢复紧急停止开关的正常状态，则顺时针旋转红色按钮，使其弹出复原，同时还需要对毫米波人体安全检查仪进行初始化操作。

5. 处理设备软件问题

在处理设备软件问题时，需要接通电源，保持毫米波人体安全检查仪主机设备端、手检站、远程工作站以及安检信息化系统之间的网络连接。

6. 填写保养维护记录单

安检人员每次保养或维修后，需要填写保养维护记录单（表4.3.2）。认真记录每次保养与维修的项目、时间及结果等内容，做到有过程、有记录，责任到人，方便后续查看与处置。

表 4.3.2　MW1000AA 毫米波人体安全检查仪保养维护记录单

时间	保养项目/维修项目	保养/维修过程	保养/维修结果	使用工具	负责人

三、拓展学习

毫米波人体安全检查仪的应用场景

毫米波人体安全检查仪因其非接触、高精度、隐私保护等优势，已广泛应用于多个需要高等级安检的领域。除民航机场外，以下场景也常见其应用。

1. 轨道交通（高铁/地铁）

应用需求：防范刀具、爆炸物等危险物品，应对大客流快速安检。使用特点：在重点车站（如枢纽站、边境车站）作为抽检设备，与金属探测门互为补充。需快速成像（如3～5s/人），减少乘客排队时间。例如，应用于中国部分高铁站、欧美地铁枢纽（如伦敦地铁试点）。

2. 边境口岸与海关

应用需求：打击走私（毒品、现金、电子设备等），尤其针对人体藏匿物品。使用特点：结合 X 光机、缉毒犬等多手段联合检查。可检测非金属违禁品（如陶瓷刀具、液体毒品）。例如，美国海关与边境保护局（Customs and Border Protection，CBP）在部分陆路口岸部署。

3. 监狱与拘留所

应用需求：防止囚犯携带违禁品（手机、刀具、毒品）进入监区。使用特点：严格隐私保护模式（仅标记可疑区域，不显示人体细节）。高频次使用，需设备具备高耐用性。例如，中国部分省市的监狱系统已配备。

4. 大型活动与赛事安保

应用需求：演唱会、体育赛事、国际会议等人员密集场所的反恐防暴。使用特点：移动式毫米波设备（如车载或临时部署），快速搭建安检通道。与 AI 结合，自动识别常见危险物品（如枪支、管状物）。例如，北京冬奥会、卡塔尔世界杯等赛事中均有应用。

5. 政府机构与军事设施

应用需求：保护敏感区域（如政府大楼、核设施、军事基地）免受潜入威胁。使用特点：高安全等级模式，可以保留更详细的图像数据以供追溯。

6. 特殊行业（石油化工、核电）

应用需求：防止员工携带火源、电子设备进入高危区域。使用特点：定制化检测目标（如打火机、非防爆手机）。具有防爆设计（适用于易燃易爆环境）。

7. 司法与执法现场

应用需求：缉毒、反恐行动中快速筛查嫌疑人。使用特点：便携式毫米波人体安全检查设备（如手持式），适合野外或临时检查点。具有强环境适应性（如耐高温、防尘）。

8. 高端商业场所

应用需求：奢侈品店、银行金库等防范隐蔽盗窃工具。使用特点：隐蔽式安装，避免引起顾客不适。主要针对特定物品进行优化（如刀片、电子干扰器）。

此外，毫米波人体安全检查仪未来的扩展场景，如智慧城市：与 AI 监控系统联动，用于重点区域的安防工作等。总之，毫米波人体安全检查仪的应用场景正随技术迭代（如 AI 图像识别）持续扩展，但其使用需始终平衡安全、效率与隐私权。

四、任务评价表

将毫米波人体安全检查仪保养维护任务评分填入表 4.3.3 中。

表 4.3.3　MW1000AA 毫米波人体安全检查仪保养维护任务评分表

评价类别	评价内容	评分标准	分值	得分
理论知识	毫米波人体安全检查仪日常维护的基本要求	能准确复述毫米波人体安全检查仪日常维护的基本要求，每项缺失、错误扣 5 分	20	

续表

评价类别	评价内容	评分标准	分值	得分
理论知识	毫米波人体安全检查仪常见故障原因及排除方式	能准确解释毫米波人体安全检查仪常见故障原因及排除方式，每项缺失、错误扣5分	20	
操作技能	1）毫米波人体安全检查仪的日常维护操作； 2）毫米波人体安全检查仪的常见故障排除	确认设备周围及通道清洁；确认网络连接；清洁显示器屏幕；检查报警指示灯；检查紧急停止开关。每项缺失、错误扣5分	40	
职业素养	操作规范，爱护仪器设备	操作规范，维护用品保管妥当，保持设备和场地整洁。每项缺失、错误扣5分	20	

五、课后练习

1）简述毫米波人体安全检查仪日常保养和维护的主要项目。

2）简述毫米波人体安全检查仪常见故障及排除方法。

3）练习：以小组为单位，按要求完成一次日常保养维护操作并上传视频。

4）规范完整填写保养维护记录单。

痕量爆炸物安检设备的使用与维护

爆炸物探测器是机场、车站、地铁以及各种大型会议现场用来检测爆炸物品的设备，其作用和目的主要是通过各种检测方式发现混杂或夹带在旅客、行人随身携带的物品中的爆炸性物质。其中，采用离子迁移谱技术的痕量爆炸物探测器是运用比较广泛的爆炸物探测设备。

本模块主要以民用机场使用较多的 TR2000DC 痕量爆炸物探测器为例进行讲解，此产品同样采用离子迁移谱技术，本模块结尾处也对便携式痕量爆炸物安检设备进行适度讲解。浦东机场爆炸物探测器安装现场如图 5.0.1 所示。

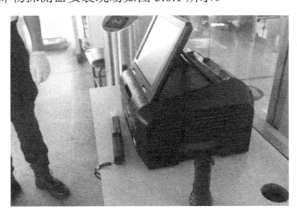

图 5.0.1　浦东机场爆炸物探测器安装现场

任务一　痕量爆炸物安检设备安装与调试

学习目标

1）能根据工作现场情况，合理布置工作台，完成开箱检查。
2）能根据设备使用说明书掌握正确开机流程。
3）能正确理解标定的含义，并对仪器设备进行标定。
4）养成认真细致、严谨负责的安检工作作风。

一、基础知识

（一）爆炸物检测技术的分类

爆炸物检测技术发展至今已有很多种类，研究人员分析总结相关技术资料发现，爆

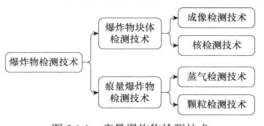

图 5.1.1　痕量爆炸物检测技术

炸物检测技术除了传统的人工探测、搜索犬探测之外，主要分为两大类：爆炸物块体检测技术和痕量爆炸物检测技术，基本示意如图 5.1.1 所示。近年来爆炸物检测技术不断地发展，科技前沿的检测技术有光谱探测、生物传感器探测、化学传感器探测以及传感器探测。

对爆炸物块体进行检测时，主要是通过对其外观特性进行鉴别。目前在爆炸物检测领域该类检测技术相对较为成熟、完善，主要分为成像检测技术和核检测技术。成像检测技术中为人们所熟知的包括 X 射线成像技术、毫米波成像技术、微波成像技术、太赫兹成像技术等；核检测技术主要有种子技术和核四极矩技术等。其中，X 射线成像技术应用较为广泛，该技术主要包括衍射法、双能法和 CT 法。

痕量爆炸物检测技术是指对微量（肉眼很难看见）的爆炸品残留物（爆炸物蒸气或者颗粒）进行取样和分析的技术。爆炸品在处理过程中总会留下气体或固体颗粒形式的残留物，通过搜集这些残留物并使用相关的探测技术对其进行分析，从而判断是否存在爆炸物。痕量爆炸物检测技术涉及多种不同的化学传感器技术，主要包括离子迁移谱法、化学发光法、热氧化还原法、表面声波法、化学试剂法、紫外荧光法、质谱法、犬科动物探测法等（一般将犬科动物检测划入痕量检测范畴）。

（二）痕量爆炸物探测器的功能、作用及分类

痕量爆炸物探测器是通过采集空气中或者被检测物体表面的细微颗粒或痕量蒸气以探测爆炸物并分析、鉴别其种类的一种检查设备。由于爆炸物和毒品的检测方法比较类似，一般此类设备可兼顾爆炸物和毒品检测功能，但由于爆炸物和毒品在某些被检测特性上还是有区别的，使用过程中需要针对不同检测对象进行参数调整。此类检测设备主要应用于执法机关开展非法毒品搜查；安检部门对旅客、行李和包裹进行安全检查，检查是否携带和藏匿各种不同的爆炸物品。

痕量爆炸物探测器按其结构大小可分为台式痕量爆炸物探测器和便携式痕量爆炸物探测器。其中，台式痕量爆炸物探测器一般采用机器固定位置摆放，主要依靠试纸（取样布）等完成采样后放回仪器采样口检测；便携式痕量爆炸物探测器除上述方法外，一般还可以直接将仪器拎起（抬起），将采样口对准被采样物品完成采样。

痕量爆炸物探测器按其极化电离方式可分为含放射性离子源、无放射性离子源两类设备。其中，含放射性离子源的设备（属于低放射性源）非专业人员不能直接打开机箱检修，必须送到有检修资质的机构检修。对于不含放射性离子源的设备，在确保安全的情况下（断电情况）即可打开机箱检修。

痕量爆炸物探测器按其检测模式可分为双模离子迁移检测和单模离子迁移检测。双模离子迁移检测可以同时检测爆炸物和毒品两类物质，一般而言，爆炸物采用负电荷的特征离子，毒品选用正电荷的特征离子。对于单模离子迁移检测，则需要根据被检测物质的种类调整仪器离子化参数。

二、能力训练

（一）情景任务

机场安检机构新购进了一批痕量爆炸物探测器（威视 TR2000DC），进行设备升级。作为机场安检设备部门工作人员，需对痕量爆炸物探测器进行开箱检查，并布置其工作台。同时，爆炸物探测器在使用过程中，会因为各种原因导致其探测灵敏度下降，这将使仪器设备的工作不稳定，给安检工作带来隐患。因而机场安检设备部门工作人员，需对爆炸物探测器进行标定。

（二）任务准备

1）整套爆炸物探测器，设备使用说明书。
2）安装工具（一次性手套、螺丝刀、尖嘴钳、镊子、电插板等）。

（三）练习过程

1. 工作台布置

选定合适的位置布置好干净的工作台，靠近墙上的电源插座位。注意工作台的尺寸，预留操作空间，注意安检通道间隔。工作台推荐尺寸不小于 900mm×500mm×800mm。

连接好电源插线板并摆放，同时检测电源是否正常，检测完毕后关闭电源开关。注意用电安全，最好采用地插或者墙插。如果采用电插板延长线，注意不要超过 2m。

2. 开箱操作

找空旷地方，取出专用防爆箱平放于地面。找到防爆卡口，并按所指方向按下各个卡口（共 4 个卡口）。卡口操作如图 5.1.2 所示。

图 5.1.2　卡扣操作

3. 清点配件

打开上盖，清点配件，检查设备有无异常。一般标准配置包括：主机、电源线、试纸、擦拭取样器、标定笔。包装箱组件如图 5.1.3 所示。

4. 主机通电

将主机平放于工作台上，检查外观有无异常，如果无异常按接口插上电源。注意用电安全。仪器背面如图 5.1.4 所示。

图 5.1.3　包装箱组件

图 5.1.4　仪器背面

5．开机

依次打开插线板电源开关、设备开关。开机顺利进入待检状态；如果开机自检不通过，联系售后处理。

先检查设备外观，如果无异常，判断其设备可以正常使用的前提下，打开背面的电源开关，稍等片刻，等待设备完成启动后，设备将显示欢迎界面。设备在启动过程中不要随意挪动，更不要关闭电源。开机面板如图 5.1.5 所示。

图 5.1.5　开机面板

6．界面登录

按照屏幕提示，单击屏幕任意位置可以进入用户登录界面，按照提示输入账号。出厂默认检测员账号为"operator"，密码为"001"。输入账号密码后，单击"确定"按钮，进入软件主界面。如果用户输入密码错误，则会提示用户重新输入。单击"退格"按钮可以清除输入内容，单击"取消"按钮则返回欢迎界面，单击右下角的开关键可以关闭系统。账号登录如图 5.1.6 所示。

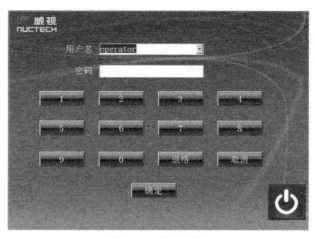

图 5.1.6　账号登录

7. 自我检测

通过密码验证后，进入主界面，并处于自检状态中。先进入预热状态，预热界面如图 5.1.7 所示；随后进入自检程序，自检界面如图 5.1.8 所示。

图 5.1.7　预热界面

主界面的顶部区域是主要的信息提示区域，报警结果、安全检查设备当前工作任务等都是在该区域中进行显示的，用户在操作过程中要多注意此区域的提示信息。安全检查设备处于不同的状态，该区域的颜色也会不同。

黄色：代表安全检查设备处于自我调整状态，不能进行检测操作。

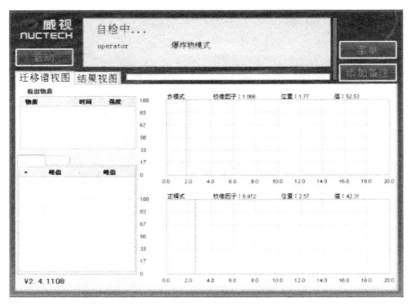

图 5.1.8　自检界面

绿色：代表安全检查设备处于就绪状态，可以进行检测操作。

红色：代表安全检查设备探测到了违禁物、爆炸物或毒品。

完成自检后，进入检测就绪状态。

8. 选择标定

在主界面上，单击"菜单"按钮，弹出如图 5.1.9 所示的标定选择界面，可以在此

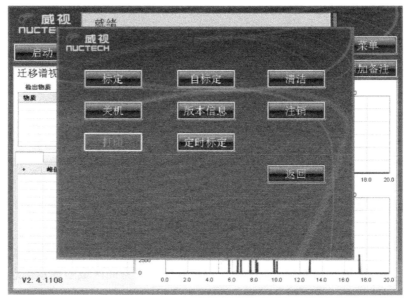

图 5.1.9　标定选择界面

界面中进行标定、自标定、清洁、关机、查看版本信息、注销、打印、定时标定设置及返回等操作。此处选择"标定"（即人工标定）。标定包含普通标定和自标定两种，其中，普通标定操作需要人工操作进行；自标定是操作人员只需单击"菜单"按钮，仪器即可完成内部自动标定。

在菜单界面中单击"标定"按钮，软件会提示插入所需标定的样品。

标定依据：以下情况需要进行标定，以保证设备处于最佳检测状态。

1）当日首次检测之前，开机自检完成后。

2）更换滤料，开机并处于检测就绪状态至少半小时之后。

3）使用设备的环境发生较大变化，尤其是气压和温度发生了明显的变化。

4）上一次标定后间隔时间较长（每 4h 需要进行标定操作）。

注意： 如果在开机后不选择标定，则系统默认以上一次标定的参数为依据进行检测。

9. 制备标定试纸

从试纸盒取洁净的采样试纸，将试纸插入进样口，对试纸进行空白测试操作，测试一次，设备没有报警之后，用标定笔在试纸的前端涂抹标定物 1～1.5cm，如图 5.1.10 所示。若笔尖已经干燥，可以轻按一下。用户只能使用设备附带的保质期内的采样试纸及标定笔完成标定，否则可能影响设备的检测性能。

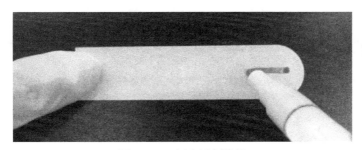

图 5.1.10 标定试剂涂抹

10. 插入标定试纸

从进样口插入上一步制备的标定试纸，设备将自动进行标定。涂有试液的面朝上，标定试纸插入如图 5.1.11 所示。

标定结果有两种，即标定完成和标定失败。标定界面如图 5.1.12 所示。标定完成后，标定完成界面如图 5.1.13 所示，用户取出标定试纸，单击"确认结果"按钮，设备自动进行清洁，清洁完成后，进入检测就绪状态，即可进行正常检测工作。若标定失败，则说明操作过程或设备本身存在一些问题，需要排除问题后重新进行标定。标定失败的主要原因一般是涂抹标定物的量不够，或标定笔已失效，或是设备污染非常严重，需要进行手动深度清洁操作。如果标定失败，则取新的试纸，经过一次空白测试之后，涂抹标定物 2 次，每次 1cm。如果仍不通过，则手动深度清洁 60min，待设备恢复到检测就绪状态之后，再取新的试纸，空白检测一次之后涂抹标定物 2 次，每次 1cm；若仍然不能通过，则联系售后处理。

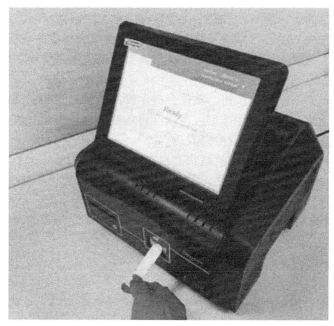

图 5.1.11　标定试纸插入

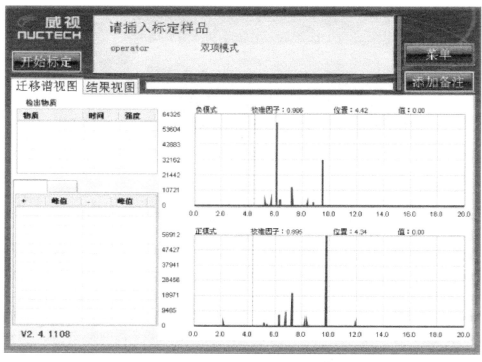

图 5.1.12　标定界面

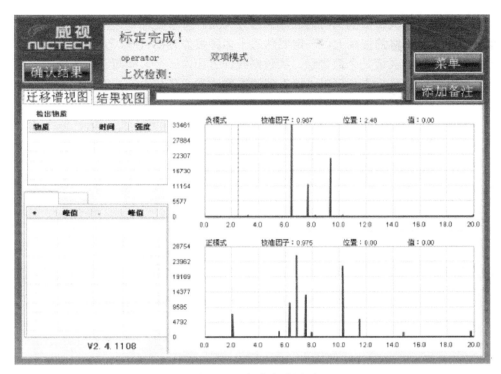

图 5.1.13　标定完成界面

三、拓展学习

人类的好帮手——搜爆犬

提到工作犬，大家并不陌生，这是一群协助我们人类工作的狗狗。其中有这样一类工作犬，它们穿着制服像警察一样穿梭于各大商场、火车站、地铁站、机场等一些人流量大、人群密集的地方，它们不仅执行巡逻、搜索、抓捕任务，还要利用超灵敏的嗅觉协助人们寻找爆炸物、爆炸装置，这就是搜爆犬（图 5.1.14）。

搜爆犬的主要任务之一是从旅客随身携带的物品中找出易燃易爆的危险品，在它们巡逻的过程中对周围环境遗留下的物品或者包裹进行筛查，并且能迅速判断危险性。由于搜爆犬的工作环境比较特殊，搜爆犬必须能适应复杂的环境，还要有从这种复杂环境中找出易爆物品的能力。

图 5.1.14　搜爆犬

搜爆犬的日常生活主要由训练和工作两部分组成。它们从小就开始接受训练，以一种或几种爆炸物品气味为嗅源，在特定条件下探测地雷、未爆弹药、炸药等爆炸物。据搜爆专家介绍，利用搜爆犬搜索目前仍然是最普遍的搜爆手段，它们与各种方法互为补充、相得益彰。搜爆犬每周的训练时长不会少于 16h，每季度都要进行一次搜爆技能考核。想要成为一只合格的搜爆犬，一定要熟悉十多种爆炸物的气味，犬能探测到的浓度可以比最好的嗅探器灵敏几个数量级，从数据统计方面，一个人能闻到的浓度约为百万分之一，最好的化学分析方法可以"嗅"到的浓度约为十亿分之一，但优秀的犬能嗅到的浓度约千亿分之一，是人的一万倍。

搜爆犬是技术含量极高的工作犬之一，同时又是作业危险性最大的工作犬。只有经过至少半年的专业化训练，在通过各类考核以后，它们才能走上正式的工作岗位。也只有经过这样的严格训练，搜爆犬才能训练出过硬的搜爆本领，才能更好地为人类的安全保障服务。

四、任务评价表

将痕量爆炸物探测器安装测试任务评分填入表 5.1.1 中。

表 5.1.1　痕量爆炸物探测器安装测试任务评分表

评价类别	评价内容	评价标准	分值	得分
理论知识	痕量爆炸物探测器的功能与作用	能准确复述痕量爆炸物探测器的功能与作用。每遗漏或错误描述一项内容扣 5 分	15	
操作技能	场地选择、开箱检查	正确完成场地选择、开箱检查、物品清点。每个步骤错误、遗漏扣 5 分	15	
操作技能	痕量爆炸物探测器的正确组装、开机测试	正确完成电源连接、开机流程、输入密码等操作。每个步骤错误、遗漏扣 5 分	20	
	痕量爆炸物探测器的标定	正确完成标定试纸的制作、标定程序。每个步骤错误、遗漏扣 5 分	30	
职业素养	操作规范、爱护仪器设备	操作规范，检测时认真仔细；爱护仪器设备，保持设备和场地整洁；种类和数量无缺失或无浪费现象。每项缺失、错误扣 5 分	20	

五、课后练习

1）简述痕量爆炸物探测器工作准备的主要流程。

2）简述痕量爆炸物探测器手动标定的流程。

3）练习：以小组为单位，整理痕量爆炸物探测器开箱检查、工作台布置的操作照片，配上文字说明并上传。

4）练习：以小组为单位，整理痕量爆炸物探测器手动标定的操作照片，配上文字说明并上传。

任务二　痕量爆炸物安检设备使用

学习目标

1）能掌握痕量爆炸物探测器的主要结构和工作原理。

2）能掌握痕量爆炸物探测器的检测操作流程。

3）能根据工作现场情况完成自标定、自动清洁、手动清洁等参数设置。

4）养成安全第一、严谨细致的安检工作作风。

一、基础知识

（一）痕量爆炸物探测器的主要结构

痕量爆炸物探测器主要由探测器分系统、气路分系统、控制分系统、软件分系统和电源分系统等组成，如图 5.2.1 所示。

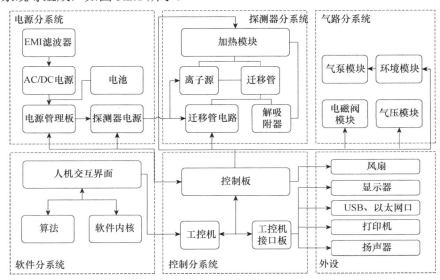

图 5.2.1　系统结构组成和功能框图

探测器分系统：探测器分系统是痕量爆炸物探测器的核心组件，由离子源、迁移管、解吸附器、迁移管电路构成，实现对样品的电离以及不同分子的运动分离。

气路分系统：气路分系统为探测器分系统提供洁净、稳定流量的载气，载气将样品带入迁移管，并将参加完离子迁移的样品带至过滤器吸收。

控制分系统：控制分系统由控制板、工控机以及工控机接口板组成。其中，控制板为其他分系统供电并提供控制信号；获取迁移管分系统的探测器数据；控制加热、气泵、状态指示灯和风扇；响应工控机的指令。工控机的主要功能是运行操作系统和软件。

软件分系统：软件分系统由软件内核、人机交互界面以及算法组成，实现用户与软件界面的交互，对控制分系统提供的数据进行后期分析、处理，显示报警结果并通过命令协议控制各分系统的工作参数。

电源分系统：电源分系统为仪器管理电源，实时从市电或自带充电电池获取仪器运行所需的能量。

（二）痕量爆炸物探测器的工作原理

台式痕量爆炸物探测器采用可靠的基于离子迁移谱原理的痕量物质检测技术，该设备的核心部件是离子迁移管。很多化学物质会散发出蒸气或颗粒，这些蒸气或颗粒会被与它们接触的材料（衣服、行李、皮肤、容器、纸张等）表面吸附或黏附。这些痕量物质可通过真空吸附的方式或通过擦拭表面的方式被收集。这些化学物质即使是数量极少的残留物也可通过加热的办法从被吸附的颗粒上解吸下来（通过加热将它们变成蒸气）。采集到的被测物质分子经过进样装置后，以气态形式随着空气进入离子迁移管，在离子迁移管的电离化区，空气分子被电离并形成离子团，爆炸物和毒品分子与这些离子团相互作用形成新的分子离子团。当离子门打开时，这些分子离子团在电场的作用下进入迁移区并继续在电场的作用下迁移前进。在迁移区中，分子离子团的迁移速度与其荷质比及组成离子团的分子的结构相关，因此，不同的分子离子团到达位于迁移区末端的检测器的时间各不相同，通过检测来自检测器的微弱脉冲电流的峰值时间，并将其与标准物质库进行匹配，就可以判断出物质的种类。

二、能力训练

（一）情景任务

为了防范爆炸安全隐患，机场安检机构新购置了一批痕量爆炸物探测器（威视TR2000DC）。作为机场防爆安检人员，需使用痕量爆炸物探测器对旅客和过往人员进行检测操作。

（二）任务准备

安装完毕的痕量爆炸物探测器（若干）、设备说明书、模拟检查物（若干）。

（三）练习过程

1. 检测操作

一次检测操作主要有四个步骤，采样试纸空白测试、采样、进样检测和确认检测结果。循环这四个步骤，若检测到违禁品，应立即更换试纸；若试纸使用次数达到七次，也应更换试纸，然后再循环进行这四个步骤。从复杂的现实物质世界中成功检测出痕量的爆炸物和毒品，需要准确无误的操作。在操作过程中应该注意以下几点。

1）检测员在取样操作时必须佩戴干净的手套，并且不可触碰试纸的采集区域。

2）采样试纸必须是干净未被杂质污染过的，必须经过一次空白测试确认。

3）采样后将试纸插入进样口时，擦拭过的那一面朝上。

具体内容介绍如下。

（1）主机开机

开机后，需要经过登录、升温平衡、自检以及标定等准备工作后才可以进行检测操作。

（2）空白试纸测试

每次更换试纸之后，对试纸要进行一次空白测试，这样有利于检测结果的准确性，因为这样可以避免试纸在空气中吸附、浓缩了各种杂质后导致误报警，同时也避免了试纸偶然接触到非检测对象，将检测对象所携带的特征物质淹没，影响检测时的灵敏度。

　　在检测就绪状态下，将试纸插入进样口中，检测开始，软件自动跳转至检测中接口。检测完成后，将会输出试纸的空白测试结果。如果检测结果没有报警，则说明试纸可以用于检测，反之，则说明试纸已经被污染，应更换新的试纸。如果试纸受到严重污染，在检测完成取出试纸后，设备可能会进行较长时间的自动清洁；在少数情况下，有可能需要更换滤料。

　　（3）采样试纸安装

　　先打开后夹持器，然后向前推动按钮，将采样试纸圆头一端插入前夹持器，松开按钮，前夹持器将夹住试纸前端，使采样试纸平贴在擦拭取样器上，然后合上后夹持器，完成试纸的安装。夹持器安装试纸如图 5.2.2 所示。

　　（4）取样

　　取样时，将试纸前端取样区域轻擦待检测对象即可。例如，试纸衣物采样如图 5.2.3 所示，试纸箱包采样如图 5.2.4 所示。

　　痕量固态样品采集时，需要佩戴洁净的手套。手持或使用擦拭采样器夹持试纸进行擦拭采样。以下是几种固体样品采集的实例。

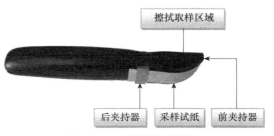

图 5.2.2　夹持器安装试纸

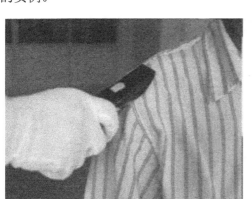

图 5.2.3　试纸衣物采样

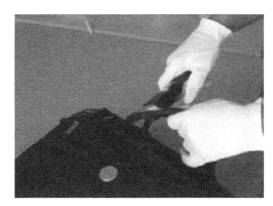

图 5.2.4　试纸箱包采样

　　采集固态块状及粉末样品时，不能直接将肉眼可辨识的颗粒送入进样口，否则可能会造成设备故障并影响检测结果。因此，在鉴别肉眼可辨识的块状或粉末物质时，使用试纸采样的方法与痕量固态样品采集有所不同。取洁净试纸，经过一次空白测试之后，对粉末的包装外部进行擦拭采样检测。对每一层包装进行擦拭采样检测，直至完全打开包装。

　　采集液体样品时，取洁净玻璃器皿，倒入少量待测液体，再使用经过空白测试的试纸的前端蘸取少许液体，晾干后进行检测，可以逐次增加所蘸取的液体量。

　　（5）进样检测

　　在检测就绪状态，将采集了样品的采样试纸插入进样口中。试纸一插入进样口，指示灯变为红色，系统将开始检测。分析等待如图 5.2.5 所示，采样试纸插入如图 5.2.6 所示。

图 5.2.5　分析等待

图 5.2.6　采样试纸插入

检测结果：进样成功并完成分析后，系统会显示检测结果。正在采样分析的界面如图 5.2.7 所示。

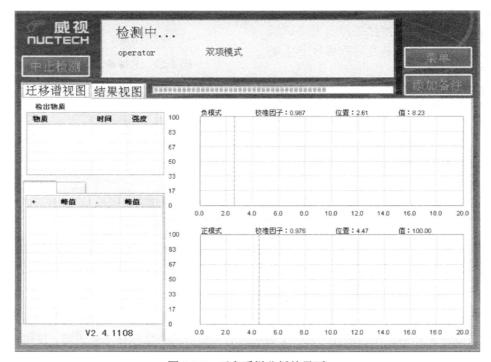

图 5.2.7　正在采样分析的界面

如果未检测到违禁物，系统发出"嘀"一声，同时主界面会弹出提示框，提示用户对检测结果进行确认，同时状态栏内部显示"未检测到违禁物　恢复中…"。待用户单击"确认"按钮或待 5s 倒计时结束后，提示框消失，状态栏内继续显示"未检测到违禁物　恢复中…"。当系统恢复完成之后，会伴有"嘀"两声，表示系统已经进入检测就绪状态，可以进行下一次检测。采样分析——未检测到违禁物的界面如图 5.2.8 所示。

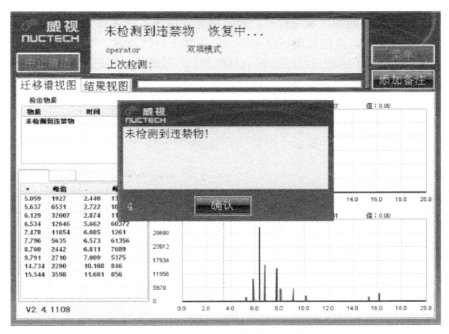

图 5.2.8 采样分析——未检测到违禁物的界面

如果系统检测到爆炸物或毒品，则屏幕会进行闪烁并发出报警声音。采样分析——检测到违禁物的界面如图 5.2.9 所示。单击"确认结果"按钮设备开始自动清洁，清洁完成后，系统伴有"嘀嘀"两声，同时进入检测就绪状态，等待进行下一次检测。

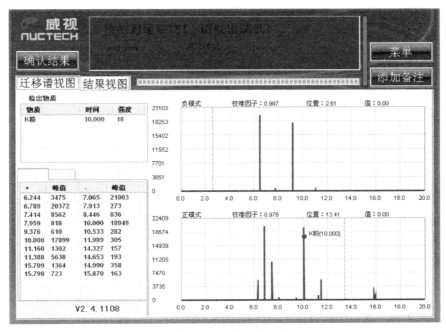

图 5.2.9 采样分析——检测到违禁物的界面

如果系统没有检测到爆炸物或毒品,则检测完毕后进入到无爆炸物或毒品的界面。此时可以按照屏幕提示,直接取走试纸,并可以进行下一次测试。可以将未报警的采样试纸重复使用,但是为了达到最佳的擦拭取样效果,试纸重复使用的次数不能超过 7 次。如果在实际样品测试中检测到了爆炸物或毒品,则该取样试纸不能再次使用。

(6)自动清洁

自动清洁是当系统进行标定或检测到违禁物后自动进行的清洁操作,不需要人工干预,信息提示区域为黄色,并提示"报警 清洁持续中⋯"。软件界面的提示如图 5.2.10 所示。

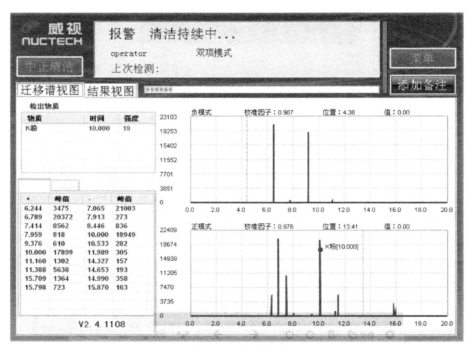

图 5.2.10　自动清洁

自动清洁完成后,信息提示区域显示为绿色,并提示"就绪",上次检测到的违禁物情况还会保留在屏幕上,如图 5.2.11 所示。

(7)打印检测结果

设备可实时打印系统检测结果,只需要单击主界面中的"打印"按钮,可以打印最近一次检测结果。检测结果打印如图 5.2.12 所示。

(8)关机

当天检测任务完成后,必须按合理操作步骤进行关机。

单击菜单界面上的"关机"按钮,系统会出现确定关机的提示,单击"是"按钮关闭系统,等待屏幕无显示之后关掉主机电源开关。除了运输、移动、测试、维修等情况外,不建议长时间关机,因为持续保持工作状态有益于发挥设备性能。如果需要长时间关机,建议将关闭电源后的设备,首先冷却至室温后,再放置到配套的设备箱内进行保存。

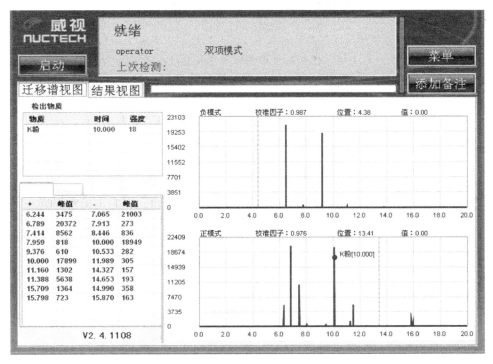

图 5.2.11　自动清洁完毕

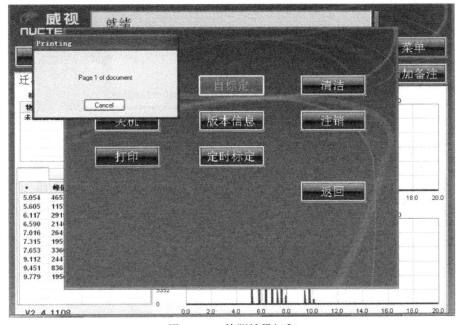

图 5.2.12　检测结果打印

注意：若未经关机操作，直接关掉电源，就会损坏设备内部的敏感部件。

综上所示，常规检测流程如图 5.2.13 所示。

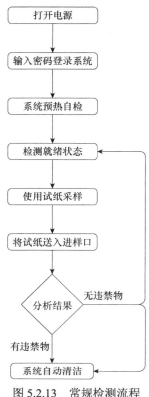

图 5.2.13 常规检测流程

2. 自标定

在实际工作中,有可能因为各种实际原因不能实现手动标定,那就可以启用设备的自标定程序。如果在开机后不选择标定,则系统默认以上一次标定的参数为依据,进行检测。自标定的界面如图 5.2.14 所示。

自标定的操作步骤具体如下:

1)单击菜单界面上的"自标定"按钮,设备将启动自标定程序。

2)待设备自标定完成后,在主界面上会弹出提示信息"系统自标定成功!仪器可以正常使用",此时单击"确认"按钮对自标定结果进行确认。

3)系统将恢复到检测就绪状态,等待下一次检测。

3. 手动清洁

建议在出现以下情况时,进行手动深度清洁操作。

1)在正常使用的情况下,每周深度清洁至少 4h。

2)收货后首次开机或连续关机 1 周以上,需要保持安全检查设备处于深度清洁状态至少 24h,以保证机器能够达到稳定的工作状态。

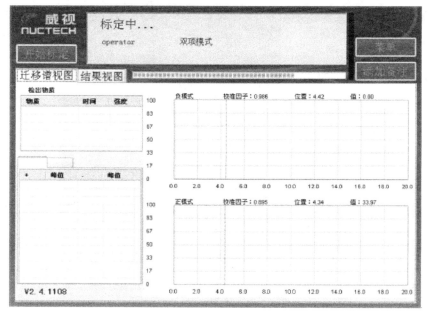

图 5.2.14 自标定的界面

在菜单界面,单击"清洁"按钮,选择合适的时间,可以选择 1h、4h、不限时间以及用户自定义时间,可以在空白栏中使用软键盘输入所需的时间,单击"清洁"按钮将开始清洁。深度清洁所用的时间即为用户设定的时间,即从开始清洁到设备恢复使用状态所用的时间。若通过注销或单击"停止清洁"按钮的方式来中止深度清洁,那么再次登录后设备会开始自动清洁,直到系统显示"就绪"提示设备就绪,这时才可以进行标定或检测等操作。手动清洁的选择界面如图 5.2.15 所示,手动清洁的界面如图 5.2.16 所示。

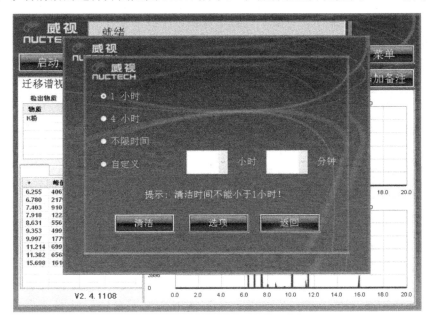

图 5.2.15　手动清洁的选择界面

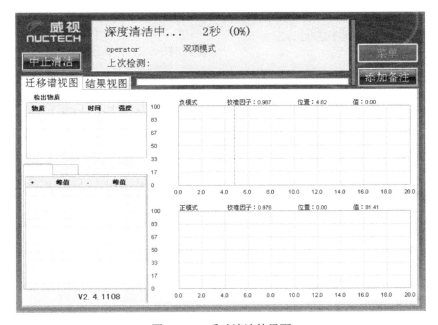

图 5.2.16　手动清洁的界面

三、拓展学习

离子迁移谱检测技术

离子迁移谱（ion mobility spectrometry，IMS）检测技术，也叫作离子迁移率谱，是20世纪60年代末发展起来的一种新的痕量检测技术。最初主要用于环境监测领域以及作为气相色谱的检测器，由于该技术的理论未能得到很好的解释，相应的研究工作基本上处于停滞状态。20世纪80年代中期，反恐和缉毒工作迫切需要发展快速、灵敏的检测方法用于爆炸物和违禁物的现场检测，离子迁移谱检测技术得到了迅猛发展，其性能和效率也在实际工作中被验证。IMS主要是通过气态离子迁移率的不同来达到分析物质的目的。在一定条件下，离子迁移率是物质的一种属性，不同的物质其迁移率不同，离子迁移率被定义为单位电场强度下的离子迁移速度，用公式表示为 $V_d = KE$。

式中：K 为离子迁移率；E 为电场强度；V_d 为离子迁移速度。当待检测样品被电离形成带电离子后，带电离子会在电场作用下产生迁移，因为各种离子的迁移率不同，所以其飞行速度也就互不相同，这样就可以达到对样品的分离和检测。

根据离子迁移谱检测技术，一般而言，针对爆炸物，选取带有负电荷的特征离子为探测目标；针对毒品，选取带有正电荷的特征离子为探测目标，双模式离子迁移谱检测技术能同时实现对正负离子的探测和分析。双模式离子迁移结构如图5.2.17所示。

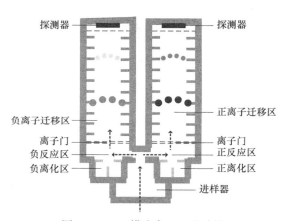

图 5.2.17 双模式离子迁移结构

四、任务评价表

将威视 TR2000DC 痕量爆炸物探测器使用任务评分填入表 5.2.1 中。

表 5.2.1 威视 TR2000DC 痕量爆炸物探测器使用任务评分表

评价类别	评价内容	评价标准	分值	得分
理论知识	痕量爆炸物探测器的主要结构	能准确复述痕量爆炸物探测器的主要结构。每遗漏或错误描述一项内容扣5分	10	
	痕量爆炸物探测器的工作原理	能准确复述痕量爆炸物探测器的工作原理。每遗漏或错误描述一项内容扣5分	10	
操作技能	爆炸物检测流程	正确完成开机、空白试纸检测、夹纸和取样、进样和判断、打印和关机。每个步骤遗漏、不规范扣5分	40	
	痕量爆炸物探测器的自标定	正确完成自标定操作设置。每个步骤遗漏、不规范扣5分	10	

续表

评价类别	评价内容	评价标准	分值	得分
操作技能	痕量爆炸物探测器的清洁	正确完成自动清洁设置、手动清洁设置。每个步骤遗漏、不规范扣 5 分	10	
职业素养	操作规范、爱护仪器设备	操作规范，检测时认真仔细；爱护仪器设备，保持设备和场地整洁；种类和数量无缺失或无浪费现象。每项缺失、错误扣 5 分	20	

五、课后练习

1）简述痕量爆炸物探测器的主要结构。

2）简述痕量爆炸物探测器的工作原理。

3）练习：以小组为单位，整理痕量爆炸物探测器检测操作的照片，配上文字说明并上传。

4）练习：以小组为单位，整理痕量爆炸物探测器设置自标定、自动清洁、手动清洁的操作照片，配上文字说明并上传。

任务三　痕量爆炸物安检设备保养和维护

学习目标

1）能掌握痕量爆炸物探测器设备保养和维护的相关基础知识。

2）能根据工作现场情况更换滤料包、打印纸。

3）能根据工作现场情况判断、排除电源故障。

4）养成安全第一、严谨细致的安检工作作风。

一、基础知识

因为离子迁移谱类型设备的自身特点，是针对痕量物质进行检测，设备的灵敏度非常高，但客观世界中的物质种类无穷无尽，误报在所难免，可采用使用、维护方面的预防措施，降低发生误报的概率。简单列举要求如下：

1）注意设备的工作环境温度。一般情况下设备工作环境温度应为－5～45℃，相对湿度一定不能超过 93%（即不结露），而且一定不能有冷凝水。

2）操作环境应当干净。操作环境如果被所检测的物质污染，就会产生误报。不建议设备在室外使用，更不要在有粉尘或化学试剂的场所使用。

3）电源要求。仪器要求交流电压为 100～240V（电源频率为 47～63Hz）。预热过程中最大功率为 210W，正常工作过程中所需功率为 90W。

4）不要将设备盖住，或限制设备周围空气流动，如果设备工作环境温度太高，系统会启动自动保护功能，导致设备非正常关机。

5）妥善移动。需要将设备从一处搬到另一处时，注意该设备的单主机重量是 11kg，需要用双手牢牢抓住设备底部两侧，不要抓设备外壳将其抬起搬运。

6）不能随意将设备从空调区域移动到温暖、潮湿的区域，因为空气中的冷凝水可能会损坏设备。

7）使用过程中，避免接触汽车尾气或类似燃油发电机、燃油空气压缩机等设备所排放的废气。

8）保持设备自身和周围环境清洁，正确操作，正确标定，及时更换滤料，避免擦拭潮湿和明显污浊之处，可以极大降低误报率。

二、能力训练

（一）情景任务

为了防范爆炸安全隐患，机场安检公司新购进了一批痕量爆炸物探测器（威视TR2000DC）。作为一名机场安检公司设备部门工作人员，需对痕量爆炸物探测器进行简单维护，并制订相应计划。

（二）任务准备

1）已安装完毕的痕量爆炸物探测器（若干）、设备说明书。

2）检修工具（一次性手套、螺丝刀、扳手、尖嘴钳、镊子、万用表等）。

3）需更换备件，如滤料包、打印纸、保险管等。

4）选定合适的位置布置好干净的工作台，靠近墙上的电源插座位。

5）注意工作台尺寸，预留操作空间，注意安检通道间隔。工作台推荐尺寸不小于900mm×500mm×800mm。

（三）操作过程

1. 滤料更换

滤料的作用是清除气流中的水分和少量污染物，根据痕量爆炸物探测器的工作时长

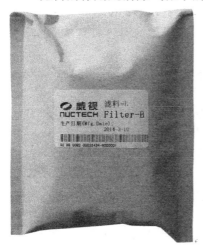

图 5.3.1　滤料包

和地域所对应的环境空气干燥、洁净程度的差异，滤料的使用寿命有所区别。一般来说，在空气干燥和清洁的区域，可以工作两个月左右更换一次，在潮湿或空气质量较差的地区，需要每月更换一次。

更换完滤料后，启动痕量爆炸物探测器，让设备处于检测就绪状态半小时，再恢复到测试状态，然后开始测试，以使设备处于最佳检测状态。

滤料的更换步骤如下：

1）准备好滤料包。滤料包如图 5.3.1 所示。

2）关闭痕量爆炸物探测器，将机器向左侧倾倒立起来。设备底部如图 5.3.2 所示。

3）将固定滤料罐的支架向上提起，分别将两个滤料罐沿导轨取出，如图 5.3.3 所示。

图 5.3.2 设备底部

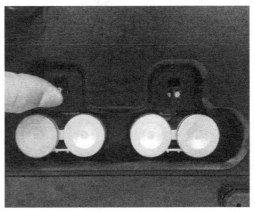

图 5.3.3 取出滤料罐

4）用专用的套件拧开滤料罐底部，如图 5.3.4 所示。

5）填装滤料，需要将滤料装满，不可空余太多空间，如图 5.3.5 所示。

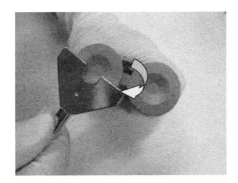

图 5.3.4 拧开滤料罐

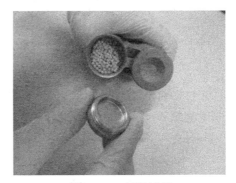

图 5.3.5 填装滤料

6）反方向拧紧滤料罐，如图 5.3.6 所示。

7）提起支架，将滤料罐沿导轨放回，待支架卡住之后松开即完成滤料更换，如图 5.3.7 所示。

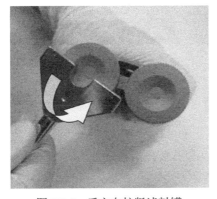

图 5.3.6 反方向拧紧滤料罐

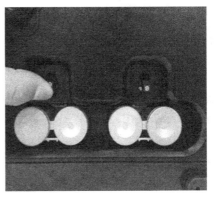

图 5.3.7 安装滤料罐

2. 打印纸更换

当打印纸用完之后，需要更换新的打印纸，更换步骤具体如下：

1）打开主机前面板，如图 5.3.8 所示。

2）按下打印机中部的方形开关，如图 5.3.9 所示。

图 5.3.8　打开主机前面板　　　　　图 5.3.9　按下打印机开关

3）打开打印机的装纸面板，如图 5.3.10 所示。

4）取出空纸芯，如图 5.3.11 所示。

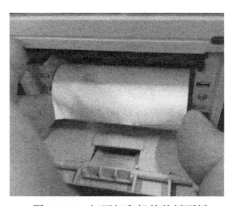

图 5.3.10　打开打印机的装纸面板　　　　图 5.3.11　取出空纸芯

5）装入新的打印纸，如图 5.3.12 所示。

6）将打印纸头抽出，如图 5.3.13 所示。

7）合上打印机的装纸面板，如图 5.3.14 所示。

8）将主机前面板抬起，使打印纸穿过前面板上出纸孔，如图 5.3.15 所示。

9）合上主机前面板，如图 5.3.16 所示。

图 5.3.12　装入打印纸　　　　　　　图 5.3.13　抽出打印纸头

 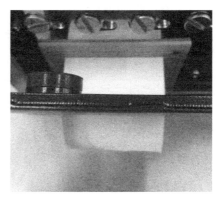

图 5.3.14　合上装纸面板　　　　　　图 5.3.15　打印纸穿过前面板

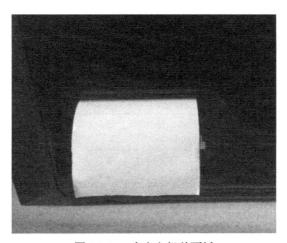

图 5.3.16　合上主机前面板

3.　排查电源故障

故障现象：仪器无法开启。

原因：电源线没有插到位，保险管损坏。

工具：螺丝刀、万用表、尖嘴钳、镊子等。

备件：短扎带若干，保险管。

检修步骤具体如下：

1）在外部供电正常的情况下，先检查 220V 供电线是否插好。

2）用螺丝刀撬开保险管座，用万用表电阻档测量是通或断，确认保险管的好坏。保险位置示意图如图 5.3.17 所示。

3）如果确认保险管损坏，从备用仓中取出备用保险管换上。更换保险管如图 5.3.18 所示。

图 5.3.17　保险位置示意图　　　　　图 5.3.18　更换保险管

4）通电开机确认故障是否排除。

4. 简易故障及相应的维修建议

威视 TR2000DC 痕量爆炸物探测器常见故障及相应处置方法详见表 5.3.1。

表 5.3.1　威视 TR2000DC 痕量爆炸物探测器常见故障及相应处置方法

故障现象	维修建议
无法通过自检	如果多次重启仍然无法完成自检，需联系厂家协助解决
无法成功标定	可能是试纸上涂抹的标定物太少，需稍微多涂抹一些再进行尝试
	在检测就绪状态下，单击"开始"按钮，设备将进入空白检测状态，如果图谱中除本底外出现较大的杂峰，或者空气本底峰很宽，则检查滤料是否需要更换，并对设备进行清洁
	制备标定试纸并直接对其进行测试，如果测试过程中未成功报出标定试纸的有效成分，且测试图谱中无明显的物质峰，需联系厂家协助解决
误报警	重新标定
	在检测就绪状态下，单击"启动"按钮，设备将进入空白检测状态，如果测试结果仍然是误报警，且重新标定仍不能解决问题，则说明设备受到污染，需要进行清洁操作
硝酸铵类物质报警	日常生活环境中存在多种含硝基化合物，本身就可能引起设备报警，同时长期进样，容易造成设备污染，可尝试对设备进行清洁
无法启动	检查电源是否正确连接
反复对某物质报警	由于进样量太大，导致设备暂时失效，需启动深度清洁操作。如果长时间未进行标定，则重新标定，并更换滤料

此设备具备故障自动诊断功能，当系统出现异常，如温度异常、环境传感器参数异常等，软件界面上会出现相应的提示。

当系统出现故障时会弹出提示窗口，如图 5.3.19 所示。

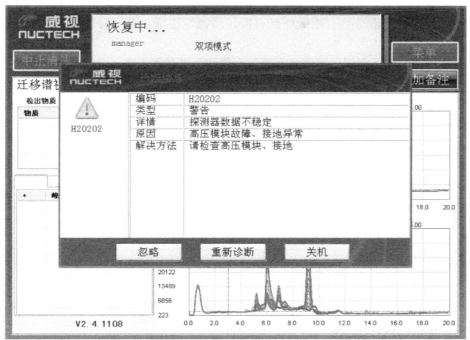

图 5.3.19　故障诊断

三、拓展学习

常见炸药介绍

黑火药是我国古代四大发明之一。它是由硝石（即硝酸钾）、硫磺和木炭按一定比例组成的机械混合物，是一种弱性炸药，其燃烧时产生大量的烟，故也称有烟火药。

雷汞，化学名称是雷酸汞，为白色或灰色的结晶体（灰色的含杂质，但爆炸性能相似），难溶于水，是起爆药中感度最大的一种，遇轻微的冲击、摩擦、火花、火焰都能引起爆炸。雷汞有剧毒，其毒性与金属汞相似。

梯恩梯（三硝基甲苯，代号 TNT），由甲苯用硝硫混酸分段硝化而制得，为淡黄色或黄褐色结晶体，受阳光照射后，颜色变暗，撞击感度也提高。常见的梯恩梯有块状、鳞片状和柱状三种。常温下对酸稳定，对碱敏感。可以长期储存，一般条件下遇火燃烧产生黑烟，带苦杏仁味，但不爆炸，对冲击、摩擦感度迟钝，枪弹贯穿一般不燃烧也不爆炸，有毒。

黑索金（环三亚甲基三硝胺，代号 RDX），纯净时为白色粉状结晶，不溶于水，微溶于乙醚和乙醇。黑索金的化学性质比较稳定，遇明火、高温、震动、撞击、摩擦能引起燃烧爆炸。由于其威力较大且感度不低，常用的黑索金需经过石蜡钝化处理，外观呈橘红色。钝化黑索金广泛用于装填各种军用弹药，民用中则用于装填雷管、导爆索等。

硝铵炸药，是以硝酸铵为主要成分的混合炸药。外观常为浅黄色或灰白色，吸湿性很大，易溶于水，易结块，常用沥青和石蜡为防潮剂。硝酸铵是强氧化剂，硝酸铵-尿素溶液可形成爆炸混合物。硝铵炸药有毒，腐蚀性很强，是一种应用非常普遍的民用炸药。

塑性炸药，国际上通常以"C族炸药"作代称，其种类很多，是以黑索金为主要成分，与非爆炸性的黏合剂、增塑剂混合而成。塑性炸药为白色或略带黄色，吸湿性小，具有良好的可塑性，炸速极快，威力比TNT略大。塑性炸药的摩擦感度比TNT灵敏，在正常环境下可用8号雷管直接起爆。它可以捻成不同形状使用，便于伪装。

四、任务评价表

将威视TR2000DC痕量爆炸物探测器使用任务评分填入表5.3.2中。

表5.3.2　威视TR2000DC痕量爆炸物探测器使用任务评分表

评价类别	评价内容	评价标准	分值	得分
理论知识	痕量爆炸物探测器保养和维护的基础知识	能准确复述痕量爆炸物探测器保养和维护相关基础知识。每遗漏或错误描述一项内容扣5分	20	
操作技能	痕量爆炸物探测器滤料包更换	正确完成滤料更换操作。每个步骤错误、遗漏扣5分	20	
	痕量爆炸物探测器打印纸更换	正确完成打印纸更换操作。每个步骤错误、遗漏扣5分	20	
	痕量爆炸物探测器电源故障处置	能准确复述电源故障的判断、保险的准备、更换等操作。每遗漏或错误描述一项内容扣5分	20	
职业素养	操作规范、爱护仪器设备	操作规范，检测时认真仔细；爱护仪器设备，保持设备和场地整洁；种类和数量无缺失或无浪费现象。每项缺失、错误扣5分	20	

五、课后练习

1）简述痕量爆炸物探测器保养和维护的相关基础知识。

2）熟练掌握痕量爆炸物探测器滤料更换的流程及注意事项。

3）练习：以小组为单位，整理痕量爆炸物探测器打印纸更换的操作照片，配上文字说明并上传。

4）练习：以小组为单位，整理痕量爆炸物探测器电源故障的判断及保险管更换的操作照片，配上文字说明并上传。

任务四　便携式痕量爆炸物安检设备使用

在安全检查工作过程中，因为实际场地、设施等客观条件，需要使用便于快速开展工作的设备，本任务以威视TR1000DB-A便携式痕量爆炸物毒品探测仪为例展开讲解。

学习目标

1）能理解便携式痕量爆炸物毒品探测仪的工作原理、技术规格及特点。
2）能根据工作现场情况，合理布置工作台，完成开箱检查。
3）能根据设备使用说明书掌握正确开关机及检测操作流程。
4）能掌握便携式痕量爆炸物毒品探测仪的简易故障处理方法。
5）养成安全第一、严谨细致的安检工作作风。

一、基础知识

（一）便携式痕量爆炸物毒品探测仪的工作原理

便携式痕量爆炸物毒品探测仪是基于双模式离子迁移谱技术的痕量爆炸物毒品安全检查设备。一般而言，针对爆炸物，选取带有负电荷的特征离子为探测目标；针对毒品，选取带有正电荷的特征离子为探测目标，设备能够快速有效地对极微量的爆炸物和毒品同时进行探测和分析，并对分析结果进行实时显示。通过专用试纸在可疑物体表面进行擦拭取样后，将试纸插入痕量爆炸物毒品探测仪完成分析，探测灵敏度达到纳克（10^{-9}g）级。设备一般体积小巧，质量轻，适合携带，能快速到达工作场地。

便携式痕量爆炸物毒品探测仪含有放射性元素 ^{63}Ni，该放射源被完全封闭在迁移管中，如果设备结构没有被破坏，不会引起直接辐射危险。带有放射源的仪器设备，一定要注意保护仪器设备的结构安全。未取得相应资质的人员不得打开设备外壳，严禁打开迁移管的铅封。

（二）便携式痕量爆炸物毒品探测仪的技术规格及特点

TR1000DB-A 便携式痕量爆炸物毒品探测仪的技术规格及特点具体如下。

工作环境参数：工作温度，$-5 \sim 50$℃；工作湿度，小于 93%（不结露）；工作气压，$60 \sim 106$kPa；存储温度，$-10 \sim 60$℃。

电源参数：交流适配器输入 AC110/220V（50/60Hz），输出 DC24V。平均功率为 45W，最大功率不超过 150W。

重量：整箱重量约 18kg；主机重量≤4kg（包含标准电池）。

电池：标准电池可持续 2h，长时电池可持续 4h。

灵敏度：纳克（10^{-9}g）级。

预热时间：约 20min。

显示：带 5 英寸（1 英寸≈2.54cm）触摸屏显示器。

可探测的爆炸物种类：梯恩梯（TNT）、2,4-二硝基甲苯（DNT）、硝酸铵（AN）、硝化甘油（NTG）、黑索金（RDX）、奥克托金（HMX）、黑火药（BP）、特屈儿（CE）、硝基甲苯（MNT）等。

可探测的毒品种类：海洛因（Heroin）、K 粉（氯胺酮，Ketamine）、可卡因（Cocaine）、吗啡（Morphine）、冰毒（甲基苯丙胺，METH）、苯丙胺（Ampheta-mine）等。

二、能力训练

（一）情景任务

为了开展工作的需要，机场安检机构新购置了数台便携式爆炸物毒品探测仪（威视TR1000DB-A）。作为一名机场安检设备工作人员，需对便携式爆炸物毒品探测仪进行开箱检查，并对其按要求开机测试标定、采样检测，进行简单维护，故障排查。

（二）任务准备

1）整套便携式爆炸物毒品探测仪，设备使用说明书。
2）检修工具（一次性手套、螺丝刀、尖嘴钳、镊子、万用表等）。
3）选定合适的位置布置好干净的工作台，靠近墙上的电源插座位。
4）注意工作台尺寸，预留操作空间，注意安检通道的间隔。

（三）操作过程

1. 准备工作

（1）工作台布置
选定合适的位置布置好干净的工作台，靠近墙上的电源插座位。注意工作台尺寸，预留操作空间，注意安检通道的间隔。包装箱如图5.4.1所示。

（2）开箱清点
包装箱上有四个卡扣，向上扳动卡扣即可解锁。解除所有卡扣后可以打开包装箱（通气口为自动调节，禁止拧动），并根据设备文件袋中的随机装箱清单清点物料。包装箱组件如图5.4.2所示。

图 5.4.1　包装箱

图 5.4.2　包装箱组件

（3）外观检查
对设备外观及机械部件进行检查，检查设备外观及各模块，应无划伤和损伤。主机前部如图5.4.3所示，主机后部如图5.4.4所示。

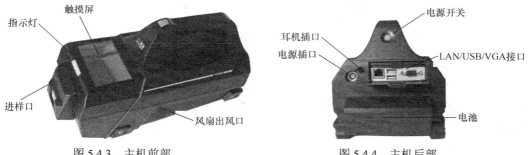

<table>
<tr><td>图 5.4.3　主机前部</td><td>图 5.4.4　主机后部</td></tr>
</table>

（4）适配器检查

检查设备适配器主要检查插头是否损坏。电源适配器如图 5.4.5 所示。

（5）电源连接

将设备与电源适配器连接好。连接适配器端子时需要注意，红点向上插入，直到听见锁止声。拔下适配器输出端子时，向后拉动拉绳，不要旋转端子。连接端子时，端子与插孔的红点必须点对点对齐。适配器与设备连接如图 5.4.6 所示。

图 5.4.5　电源适配器　　　　　图 5.4.6　适配器与设备连接

2. 开机

（1）通电开机

打开设备开关按钮，长按设备把手后电源按钮 5s，设备有震动响应，开机正常。

（2）软件启动

设备开机后稍等片刻，待设备完成启动后，设备将显示系统欢迎界面，单击屏幕开始使用设备。欢迎界面如图 5.4.7 所示。

（3）用户登录

一般默认操作员用户密码为"001"，管理员用户密码为"123"，或者根据购买账号及管理员权限进行登录。登录界面如图 5.4.8 所示。

（4）自检

账号登录后，如果不出意外，设备将自动进入加热和自检。自检界面如图 5.4.9 所示。

（5）就绪

自检完成后，设备进入准备就绪状态（图 5.4.10）。自检完成后方可进入"实时图谱"菜单界面。

图 5.4.7 欢迎界面

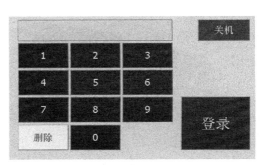

图 5.4.8 登录界面

图 5.4.9 自检界面

图 5.4.10 准备就绪界面

在管理员菜单界面中，单击"实时图谱"按钮，可查看设备实时的曲线状态、进样口温度、正模式温度、负模式温度、环境温度、环境气压、环境湿度、进样泵流量和迁移泵流量等，如图 5.4.11 所示。

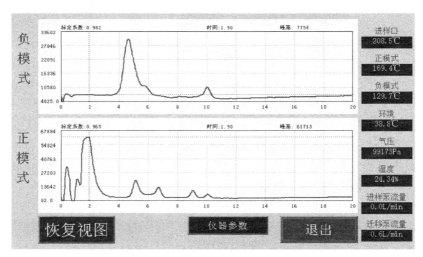

图 5.4.11 "实时图谱"界面

进样口温度 208.5℃、正模式温度 169.4℃、负模式温度 129.7℃、迁移泵流量 0.6L/min。环境温度、气压、湿度根据现场实际数据为准。设备参数都正常的状态下，标定成功后，设备调试完成。

3. 使用

（1）标定

从试纸盒中取洁净试纸，对试纸进行空白测试，如有报警，更换试纸再做空白测试。空白测试不报警之后，在试纸尖端涂抹标定物 1～1.5cm。标定试纸制作如图 5.4.12 所示。

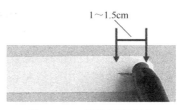

图 5.4.12　标定试纸制作

单击"菜单"→"标定"按钮，将试纸涂抹了标定物的一面向上插入，插到底。标定完成后，单击"确定"按钮，确认标定结果。

（2）采样

从试纸盒中取洁净试纸，对试纸进行空白测试，如有报警，更换试纸再做空白测试。空白测试不报警之后，手持或用采样器加持试纸擦拭采样。

注意：用试纸圆端擦拭被测物或人。

（3）检测与报警

将试纸擦拭面朝上插入进样口，设备将自动检测。

图 5.4.13　检测状态指示灯

如有报警，取出试纸，单击"确认结果"按钮，设备将自动清洁。有报警的试纸不能重复使用，清洁结束后，可以继续重复上面步骤进行检测。1 张试纸不发生皱曲破损且没有报警，可以使用 7 次。指示灯为绿色时，可以进样；而指示灯为红色或黄色时，不可进样。检测状态指示灯如图 5.4.13 所示。

（4）关机

单击"菜单"→"注销关机"按钮，选择"关机"，单击"确定"→"是"按钮，即可关机。

4. 保养和维护

该仪器在日常工作时进样口将处于高温状态，进行相关操作时需要小心。

（1）日常维护

每周至少清洁 4h。依次单击"菜单"→"清洁"按钮，选择需要的时间，单击"清洁"按钮。每月更换一次滤料。每 6 个月更换一次标定笔。

（2）常见故障处理

1）适配器无法供电。

解决方案：检测外部供电电源是否正常；检查适配器插头是否完好，输出电压是否为直流 24V；如果可行，可以考虑更换适配器或者插头。

2）设备通电后无反应。

解决方案：排除适配器故障；排除电池故障；检查设备后面板与控制板连接电源线是否接触不良。

3）设备自检超时。

解决方案：重新启动设备，进行两次自检；排除进样口、迁移管与电源控制板之间连接排线接触不良故障；检查进样口和迁移管加热电阻丝阻值是否正常；检查进样口和迁移管温度传感器电阻值是否正常（室温下阻值为 1100Ω）。

4）设备进行标定时，显示"标定失败"。

解决方案：排除滤料和标定笔过期导致的故障；排除本底曲线异常导致的故障；检查进样器半透膜是否漏气；检查迁移管流量是否正常。

5）插入试纸不能触发检查功能。

解决方案：排除进样口光耦板光耦受污染导致的故障；检查光耦板与接口板连接线缆是否完好、连接是否可靠。

6）泵参数异常。

解决方案：需要用的工具有厂家配套测试软件，在菜单里选择"开机设置"设置成开机进入"explorer"保存后重启，设备进入操作系统，打开对应盘-TRBoardConsole 文件夹，如图 5.4.14 所示。

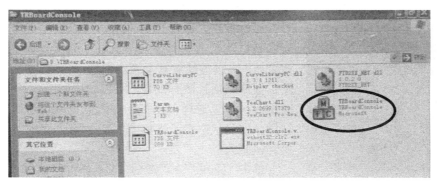

图 5.4.14　打开配套测试软件

设备设置成开机进入操作系统，双击测试软件，打开。单击系统工作区域打开，单击工作参数，如图 5.4.15 所示。

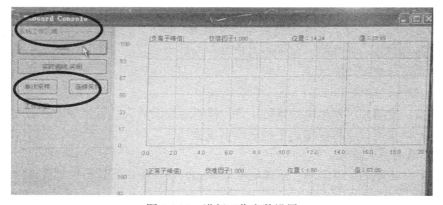

图 5.4.15　进行工作参数设置

单击泵参数，单击读取，查看如果均是 0，单击设置重置泵参数，再单击读取重新写入参数，如图 5.4.16 所示，退出测试软件。打开设备使用软件查看系统状态，气动参数正常后设置为开机自动启动，然后设备关机重启，查看是否能够记录泵参数，能够记录说明恢复正常，如果仍是 0，说明环境模块故障。

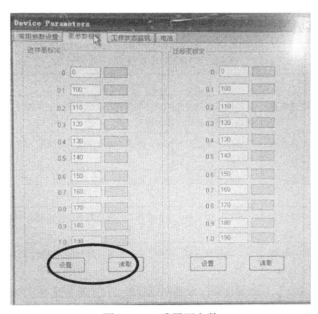

图 5.4.16 重置泵参数

三、拓展学习

镍-63 相关知识

镍-63（^{63}Ni）是核反应堆冷却水钢管腐蚀物等的中子活化产物，是便携式痕量爆炸物毒品探测仪中最常用的放射性元素。^{63}Ni 是一种能不断发生裂变，发射 β 粒子为主要特征的放射性同位素，其半衰期约为 100 年。由于 ^{63}Ni 发射的 β 粒子能量低，它的电化学性质适用于电镀工艺。通常以不锈钢作为基体，通过施加适当电压，使游离的放射性镍-63离子在阴极表面还原成金属单质，或以化合物形式沉积在阴极表面。

^{63}Ni 属于低能电子源，主要用途是作为电子捕获检测器的电离源，可以在 400℃下有效使用，其释放的带电粒子主要通过电离作用把能量转移给周围介质。由于低能 β 粒子的射程短，比电离值高，在较短的射程内可产生大量的离子对，形成高密度的离子云，可用于放射性静电消除器、离子感烟探测器、电子捕获检测器和真空电子管中所用的电离源等。

在使用 ^{63}Ni 放射源时，必须严格遵守放射源使用管制，规范购买和使用途径，只能向有专业资质机构购买其密封处理的放射源。在使用过程中，必须遵循"缩短受照时间、增大离源距离、设置适当屏蔽"三原则，切忌用手直接接触放射源。若直接接触放射源，大剂量放射线辐射会引发急性放射病，轻则引发恶心、呕吐、皮肤灼伤等，重则可能导致死亡。长期接触放射源可能会导致细胞突变，增加癌症发生的风险。射线照射可以改变人体的遗传物质，从而导致遗传病的发生，这种影响可能会延续到后代，对整个族群的健康产生长期影响。

四、任务评价表

将威视 TR1000DB-A 使用任务评分填入表 5.4.1 中。

表 5.4.1　威视 TR1000DB-A 使用任务评分表

评价类别	评价内容	评价标准	分值	得分
理论知识	便携式爆炸物毒品探测仪工作原理	能准确复述便携式痕量爆炸物毒品探测仪的工作原理。每遗漏或错误描述一项内容扣 5 分	10	
	便携式爆炸物毒品探测仪技术规格及特点	能准确复述技术规格、特点。每遗漏或错误描述一项内容扣 5 分	10	
操作技能	便携式爆炸物毒品探测仪开机准备工作	正确完成场地选择、开箱检查、物品清点。每个步骤错误、遗漏扣 5 分	20	
	便携式爆炸物毒品探测仪通电开机	正确完成通电、用户登录、开机。每个步骤错误、遗漏扣 5 分	20	
	便携式爆炸物毒品探测仪的正确使用	正确完成标定、采样、判断报警。每个步骤错误、遗漏扣 5 分	20	
职业素养	操作规范、爱护仪器设备	操作规范，检测时认真仔细；爱护仪器设备，保持设备和场地整洁；种类和数量无缺失或无浪费现象。每项缺失、错误扣 5 分	20	

五、课后练习

1）简述便携式痕量爆炸物毒品探测仪的工作原理、技术规格及特点。

2）简述便携式痕量爆炸物毒品探测仪的检测流程。

3）练习：以小组为单位，整理便携式痕量爆炸物毒品探测仪的开箱检查、开机的操作照片，配上文字说明并上传。

4）练习：以小组为单位，整理便携式痕量爆炸物毒品探测仪检测操作的照片，配上文字说明并上传。

液体检查仪的使用与维护

　　液体检查仪的工作原理主要依赖于两类技术：拉曼光谱分析技术及 X 射线技术。其中，采用拉曼光谱分析技术的产品最为常见，它能够提供无损的定性定量分析。液体检查仪适用领域广泛，包括质检、民航、军队边防、公检法、环保等。

　　液体检查仪可以准确检测出旅客携带的液体成分，探测出旅客所携带液体是否含有危险品，在安全检查中有着不可或缺的地位。

　　市场上液体检查仪设备丰富，本模块中将以 Agilent Cobalt Insight200M 拉曼光谱仪为例，通过 Insight200M 液体检查仪开箱测试、液体检查仪的使用、液体检查仪的保养和维护三个任务，来了解液体检查仪的工作原理、性能特征、使用方法和保养维护知识。

任务一　液体检查仪开箱测试

学习目标

　　1）能知道液体检查仪的功能和基本构造。

　　2）能根据规定流程，正确开关液体检查仪。

　　3）能利用测试模型进行系统检查，保证系统正常运作。

　　4）能利用测试模型进行常规操作测试，保证液体检查仪性能正常。

　　5）养成认真细致、严谨负责的安检工作作风。

一、基础知识

（一）液体检查仪的功能

　　液体检查仪可以筛查所有类型的容器（表 6.1.1），消除容器材质的干扰，检测出容器内液体的成分并列出名称（包括特殊物质），安检人员可以借助液体检查仪判断旅客所携带的液态物品是否含有液态危险品。

表 6.1.1　液体检查仪可以筛查的容器类型

容器类型	气溶胶	纸板/纸	透明玻璃	有色玻璃
	饮料罐	铝箔袋	食品罐	磨砂玻璃
	不透明玻璃	利乐包装	吸附管	

（二）液体检查仪的特点

检查速度快（扫描时间不超过 5s）、体积较小、可靠性较高，安检人员使用该设备的培训需求较少。

（三）液体检查仪的适用范围

液体检查仪适用领域广泛，包括质检、民航、军队边防、公检法、环保等需对液体进行检查的安检场所。

（四）液体检查仪各部件名称

液体检查仪一般由电源开关、检测室、检测嘴、屏幕、检测室门等部件组成，如图 6.1.1 所示。

图 6.1.1　液体检查仪各部件名称

（五）常见的液体检查方法

应用现代科学技术对液体进行检查，判别其种类、成分的方法很多，主要方法详见表 6.1.2。

表 6.1.2　常见液体检查方法

方法		简介
电磁探测法	微波反射法	主要利用的是微波的特性，其频率为 300MHz～3000GHz，微波具有较高的能量，指向性好、穿透能力强，因此能够穿透大多数非金属物质，当微波传递到液体分界面时，会像可见光一样发生反射和折射，对于不同的液体介电常数不同，尤其是水和大部分易燃液体的介电常数区别很大，而微波在不同频率的反射和折射都与液体的介电常数有关，所以微波反射法利用微波发射装置发射微波能量，在液体分界面被反射后，用接收装置获得反射的能量，与发射波对比获得反射系数，从而进行区分

续表

方法		简介
电磁探测法	拉曼光谱	一种散射光谱，是指光照射到物质上发生的弹性和非弹性散射；有实验证明，不同液体对相同频率的光照会产生不同特征的散射光谱，分析这些光谱特征，可以推断出液体分子的相关信息，从而辨别出不同液体，进而判断是否是危险液体
	红外光谱法	主要利用不同液体对红外光的吸收率不同来进行区分。因此利用某一红外光照射液体，并测量液体对该光束的吸收率即可辨别不同液体
X射线探测法		X射线探测法根据X射线作用于不同液体时，能量衰减不同从而进行区分与识别，常见的基于X射线的方法有CT扫描和X射线透射
电化学方法		包括离子迁移率法、表面声波法等。离子迁移率法通过对液体进行化学-电离反应，检测离子漂移时间而获得离子质谱信息，从而区分液体
生物仿生法		主要是利用驯化后的生物来进行探测。生物仿生法可以远距离探测，检测速度快，但准确率不高，能够识别的液体危险种类有限。这种方法可以作为一种辅助方法来使用

二、能力训练

（一）情景任务

机场安检机构新购进了一批 Insight200M 液体检查仪，需对 Insight200M 进行开箱测试，了解其基本功能，并掌握其操作方法。

（二）任务准备

1）Insight200M 设备。
2）设备操作台。

（三）练习过程

1. 接通电源

将电源线正确连接电源接口，如图 6.1.2 所示。

图 6.1.2 液体检查仪电源接口

2. 开机

向下按仪器背板白色开关（图 6.1.3），设备开机（图 6.1.4），约 2min 后进入"系统检查"界面。

注意：Insight200M 系统为一类激光系统。它包含一个四类红外激光和一个一类红外激光。当 Insight200M 工作时，不要打开或拆下后盖。

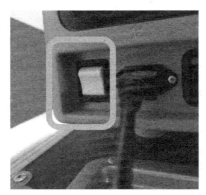 

图 6.1.3　液体检查仪背面的电源开关按钮　　　　图 6.1.4　设备开机等待界面

3. 系统检查

正常开机后会自动进入系统检测，以确认系统是否正常。按照提示关闭"大门"，空测合格后放入测试模型，将白色塑料面对着检测嘴，注意平行放置，关门检测，若检测合格，屏幕将显示"系统检查通过"，如图 6.1.5 所示。

现在进行测试模型检测　　　　　系统检查进行中　　　　　　系统检查通过
请放置测试模型　　　　　　　　请等待　　　　　　　　　　激光检查-通过
请关门开始测试　　　　　　　　　　　　　　　　　　　　　测重-通过

图 6.1.5　系统检查界面

提示：当对性能存在疑问时，也可手动选择"系统检查"，利用测试模型进行常规操作测试，以确认各项性能是否正常。

4. 常规操作测试

依次对常见液体（如矿泉水、酒精等）进行检测，并判定检测结果的准确性。

5. 关机

1）确认检测室内无物品，单击屏幕右下角"电源"按钮，选择"关机"选项

（图 6.1.6），屏幕上出现"关闭大门"，手动关闭后，屏幕会自动进入关机状态，过程持续 20s 左右，屏幕完全关闭。

2）向上按仪器背面白色开关（图 6.1.7）。

图 6.1.6　关闭设备

图 6.1.7　背面的电源开关按钮

注意：关机时，当屏幕上显示"关闭大门"，一定要将门一次性关上，避免出现系统错误。关机时，耐心等待屏幕完全关闭后，再按开关。

三、拓展学习

液体安全检查设备的发展现状

目前，市场上已投入使用的液体安全检查仪器主要有易燃液体安全检查仪、液体炸弹检测仪、液体安全检查系统、液体炸药探测仪和 X 射线背散射成像设备等。不同的液体安全检查仪采用不同的技术，适用于不同的领域。具体设备种类及其功能详见表 6.1.3。

表 6.1.3　常见液体检查设备及其功能

设备	简介
易燃液体安全检查仪	主要使用电气方法进行识别，无须直接接触液体。如果有可燃物（如汽油、工业酒精、煤油和稀释剂等）就会自动报警，如果是非可燃物（如水、啤酒等）则通过检查
液体炸弹检测仪	专门用于识别密封容器中存在的危险性液体（爆炸物及其前身物品或部件）、气溶胶和凝胶
液体安全检查系统	核心是 X 射线检测技术，无须打开包装，就能快速检查出爆炸性或危险性液体物质
磁共振成像（MRI）行李扫描仪	通过分析被检物品的分子结构，从而识别出各种材料。发射机向行李上发射低频无线电波，物质内部的原子核排列被扰乱。当原子核自身重新排列时，它们发射信号，不同类型的材料发射的信号不一样
液体炸药探测仪	探测原理采用荧光淬灭技术，可以针对透明或不透明的密闭容器封口处的极微量残存，探知液态或固态的过氧化物
近红外光谱探测设备	检测非常灵敏、响应速度快，用于现场快速检测和实时在线分析。适用于药学、农业、石油等领域应用
X 射线背散射成像设备	背散射探测原理是 X 射线遇到不同的物质会发生不同的散射，散射概率与被检物质的电子密度成正比，电子密度与质量密度正相关，所以散射信号随质量密度的增大而增强。利用散射探测器收集散射光子并转化放大输出为图像显示

四、任务评价表

将 Insight200M 液体检查仪开机检测任务评分填入表 6.1.4 中。

表 6.1.4　Insight200M 液体检查仪开机检测任务评分表

评价类别	评价内容	评分标准	分值	得分
理论知识	液体检查仪的功能	能准确复述液体检查仪的功能。每遗漏或错误描述一项内容扣 3 分	10	
	液体检查仪的特点	能准确复述液体检查仪的特点。每遗漏或错误描述一项内容扣 3 分	10	
	液体检查仪的适用范围	能准确复述液体检查仪的适用范围。每遗漏或错误描述一项内容扣 2 分	10	
	液体检查仪的部件	能准确复述液体检查仪的部件。每遗漏或错误描述一项内容扣 2 分	10	
操作技能	正确接通电源并开机	能正确接通电源并开机。每项缺失、错误扣 5 分	10	
	系统检查	能正确进行系统检查。每项缺失、错误扣 5 分	20	
	正确关机	能正确关机。每项缺失、错误扣 5 分	10	
职业素养	操作规范、爱护仪器设备	检测时认真仔细；检测后分析总结；保持设备和场地整洁。每项缺失、错误扣 5 分	20	

五、课后练习

1）简述 Insight200M 开箱测试的主要项目。

2）简述液体检查仪的工作原理。

3）练习：以小组为单位，整理液体检查仪接通设备电源并开机的操作照片，配上文字说明并上传。

4）练习：以小组为单位，整理液体检查仪系统检查的操作照片，配上文字说明并上传。

任务二　液体检查仪的使用

学习目标

1）能准确复述液体检查仪的一般检查流程。

2）能根据容器类型，准确选择相对应的检查操作。

3）能按照操作规定，确认被检测瓶和检测嘴的相对位置，保证检测有效。

4）能按照规定流程，利用液体检查仪判断液体是否为危险品。

5）养成安全第一、严谨细致的安检工作作风。

一、基础知识

（一）液体检查仪的工作原理——空间偏移拉曼光谱

当光照射物质时，入射光子会和物质分子发生非弹性散射，散射光子的能量会发生改变。这种非弹性散射由印度物理学家拉曼（C. V. Raman）于 1928 发现，被称为拉曼散射。技术原理在于其系统激光光源的入射焦点与光谱系统中收集透镜的焦点在待测样品表层空间上偏移一定的距离 ΔS，如图 6.2.1 所示。

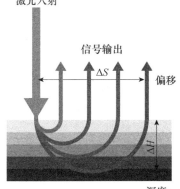

当一束激光入射到待测样品表层时，表层样品被激发或散射出宽带荧光，其中有一部分散射光将到达样品内部，根据拉曼散射光子迁移理论，样品内部深层产生的拉曼散射光子相比于样品表层的光子在散射过程中更易于横向迁移，经多次散射后返回样品表层被光谱仪器接收，系统收集到达样品内部不同深度的散射光返回表层后的位置距离激光光源入射点在样品表层上有不同的偏移距离 ΔS，如图 6.2.1 所示。当空间偏移距离 $\Delta S=0$ 时，此时激光光源入射点与拉

图 6.2.1　空间偏移拉曼光谱技术原理

曼光谱收集点重合，此处激发的光子密度最大，系统收集到的拉曼光谱信号大部分来自样品表层的拉曼散射，样品深层的拉曼信号被淹没；当空间偏移距离 $\Delta S\neq0$ 时，即激光光源入射点与拉曼光谱信号收集点偏移一定的距离，此时相比于 $\Delta S=0$，光谱仪器收集到的拉曼光谱信号中来自表层的光谱信号衰减很快，来自样品深层的光谱信号衰减较慢，使得更深层的拉曼散射光子比重变大。两者关系如图 6.2.2 所示，可以看出：目标拉曼信号与噪声信号表层之间的相对强度随空间偏移距离的增大而增大，这在一定程度上有效抑制了表层样品的拉曼和荧光等杂散信号的影响。

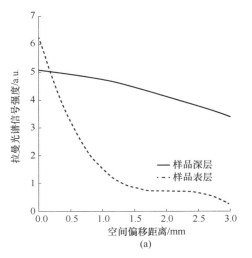

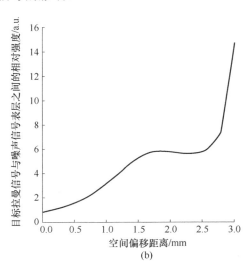

图 6.2.2　表层信号与样品内部信号关系图

因此，检测中通过改变空间偏移距离 ΔS 的大小，结合多元数据分析处理方法便可以获得样品内部不同层次的拉曼光谱，即空间偏移拉曼光谱。该技术具有很好的抑制表层物质拉曼光谱和荧光光谱干扰的能力，特别适用于隐蔽在不透明包装材料下的物质拉曼光谱的提取，从而快速、非侵入地对目标物成分进行鉴定。拉曼散射光子与入射光子的能量之差取决于被照射物质分子的分子能级，不同的物质分子具有不同的振动转动能级。因此，可以通过分析拉曼散射光的光谱来对物质分子进行识别。拉曼光谱技术依据这一原理，探测被测物质的拉曼光谱，并通过与谱图库中的谱图进行对比来对被测物质进行识别。

（二）空间偏移拉曼光谱技术的优点

空间位移拉曼光谱技术是拉曼光谱的衍生技术，所以具备传统拉曼光谱技术的全部优点：非接触检测、测定时间短、样品无须制备、样品消耗量小、灵敏度高等，同时该技术又具有先进于传统拉曼光谱技术的独特优点：有效抑制荧光、实现深层检测、实现非侵入无损检测。

（三）液体检查仪的一般检查流程

使用液体检查仪检查的一般流程具体如下。

1）告知旅客："您好，您所携带的液体需要接受液体检查。"

2）接过液体，观察液体容器类型、容器状态、容器容量。

3）将液体放入检测室。

4）屏幕上单击选择容器类型。若非金属容器跳至步骤 7）。

5）屏幕上单击选择容器状态。

6）屏幕上输入容器容量。

7）移动检测嘴。

8）关闭检测室大门。

9）查看结果。

二、能力训练

（一）情景任务

正值旅客流量高峰时段，许多旅客会在随身行李中携带多种类型的液态物品，为了高效、准确地判断旅客所携带的液态物品类型，作为一名安全检查员，需利用液体检查仪对旅客所携带的液体进行检查，查找液体类违禁品。

（二）任务准备

1）Insight200M 设备（启动设备并进行系统检查）。

2）设备操作台。

3）金属包装液体。

4）非金属包装液体。

5）液体类违禁品。

6）了解常规检查要求：

① 检查方法和程序正确。

② 检查用语文明规范。

③ 不漏查。

④ 检查时间限定 2min。

（三）练习过程

1. 放置液态物品

将被检测物品放到检测室（图 6.2.3 和图 6.2.4）。

图 6.2.3　检测室　　　　　　　　图 6.2.4　将被检测物品放到检测室

2. 判断容器类型

若为非金属容器跳至"步骤 5"；若为金属或含金属容器则输入容器类型；如果不能确定容器类型，则选择"其他"（图 6.2.5）。

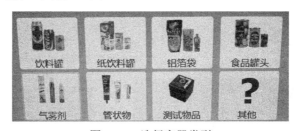

图 6.2.5　选择容器类型

3. 判断容器状态

根据液态物品的容器状态选择"包装完好的"、"打开的"或"干扰的"（图 6.2.6）。

图 6.2.6　选择容器状态

容器状态具体说明如下：

包装完好的——出厂密封未动，无破坏或打开迹象。

打开的——没有出厂密封，或者密封已经破损或去掉，容器无恶意破损迹象。

干扰的——存在鲁莽处置或破损迹象，表明其受到过破坏。

4. 判断容器容量

根据液态物品容器标识选择容器容量或单击"其他"输入容器容量（图 6.2.7），如果不能确定，停止扫描，将其视为有问题的物品。

图 6.2.7　选择容器容量

5. 移动检测嘴（图 6.2.8）

非金属包装容器：对准液面下扫描；避开标签；通常液体会沉在底部，尽可能降低检测嘴（图 6.2.9）。

金属包装容器：确保被检物品直立向上，将检测嘴置于容器中部最佳（图 6.2.10）。

图 6.2.8　检测嘴

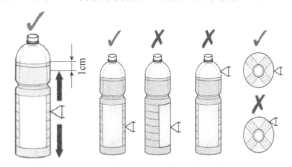

图 6.2.9　非金属包装容器检测嘴的位置参考

图 6.2.10　金属包装容器检测嘴的位置参考

确认被检测瓶和检测嘴的位置正确,此时屏幕右下角瓶装图形变为绿色,如图6.2.11所示。

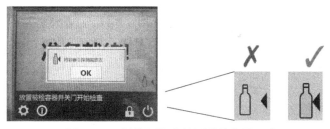

图6.2.11　被检测瓶和检测嘴的位置正确

6. 开始检测

关闭检测室门,开始扫描检测(图6.2.12)。

7. 查看结果

显示"报警"时,必须确认液体是否属于违禁品(图6.2.13)。

图6.2.12　扫描检查液体中　　　　　　图6.2.13　液体检查结果

8. 汇报检查结果

完成以上步骤后,根据检查结果判断处置方式,并进行汇报。

三、拓展学习

为什么国内机场对旅客随身携带的液态物品管控如此严格

2002年5月7日21时32分,大连周水子国际机场接到由北京飞往大连的CJ6136麦道客机报告,称机舱失火,此后飞机便与机场失去联系。事故造成机上103名乘客、9名机组人员全部罹难。这一空难事故被称为大连"5·7"空难。

通过对大连周水子国际机场的调查,证实事故发生时机场的导航、雷达设备完全正常;失事客机机长出生于1967年,出事前已有11000h的飞行经验;副驾驶出生于1973年,飞行时间3300h。两人的驾驶执照和体检执照都有效,起飞前也通过了例行体检;关于飞机,2002年3月27日到4月2日,飞机接受了一次例行5A维修。另外,通过检查有关仓单、加油单,证实飞机从北京首都国际机场起飞时,其重量和配载都合乎标准。

在大连"5·7"空难罹难的103名乘客中,只有44名乘客购买了航空旅客人身意外伤害保险，其中有一人购买了 7 份，赔偿金额达 100 多万元，此人就是张丕林。在事故发生后，这一度成为一个谜团。

经过一系列调查和周密推理，空难处理小组认定大连"5·7"空难是一起由于乘客张丕林携带易燃液体上飞机造成的破坏事件。

大连"5·7"空难造成的巨大损失和严重影响，为我国民航安全工作敲响了警钟。同时，借鉴同时期国际民航安检对液态物品加强管控和检查的经验，中国民用航空局要求国内机场对旅客随身携带的液态物品进行更为严格的管控，并于 2003 年 2 月 5 日发布《中国民用航空总局关于对旅客随身携带液态物品乘坐民航飞机加强管理的公告》[①]，具体内容如下。

为确保民航飞行安全，保护旅客的生命财产，中国民用航空局决定，对旅客随身携带液态物品乘坐民航飞机加强管理，公告如下。

（一）每名旅客每次最多可携带 2 瓶（每瓶容积均不得超过 500mL）碳酸饮料、矿泉水、茶水、牛奶、酸奶、果汁等液态物品，并经开瓶检查确认无疑后，方可随身携带乘坐飞机；其他超出部分一律托运。

（二）旅客不得随身携带酒类（瓶装、罐装）。如确需携带，每人每次不得超过 2 瓶（1kg），且必须托运，包装须符合民航运输规定。

（三）因特殊原因需要随身携带的液态物品，如患病旅客携带的液态药品、带有婴儿的旅客携带的婴儿饮用品等，经开瓶检查确认无疑后，可予携带。

（四）旅客因违反上述规定造成误机等后果的，损失自负。

（五）航空公司、机场将确保机上和候机楼的饮料供应。

四、任务评价表

将 Insight200M 液体检查仪使用任务评分填入表 6.2.1 中。

表 6.2.1　Insight200M 液体检查仪使用任务评分表

评价类别	评价内容	评分标准	分值	得分
理论知识	液体检查流程	能准确复述液体检查流程。每遗漏或错误描述一项内容扣 5 分	20	
操作技能	液体检查准备工作	正确开机、系统检查。每项缺失、错误扣 10 分	20	
	正确检测液态物品	能正确放置液态物品、判断容器类型、判断容器容量、正确调整检测嘴。每项缺失、错误扣 10 分	40	
职业素养	操作规范、爱护仪器设备	检测时认真仔细；检测后分析总结；保持设备和场地整洁。每项缺失、错误扣 5 分	20	

五、课后练习

1）简述 Insight200M 检查液体的程序。

2）归纳 Insight200M 检查金属（或含金属）容器液体和非金属容器液体的区别。

---

① 该公告于 2007 年 5 月 1 日起废止，2007 年 3 月 17 日发布的《中国民航总局关于限制携带液态物品乘坐民航飞机的公告》为最新执行标准。新标准规定了旅客只能限量携带（单件<100mL，总量<1L）的必需液态药品或洗漱化妆品。

3）练习：以小组为单位，练习检查不同容器类型、不同容器状态及不同容器容量的不同类型液体。

4）练习：以小组为单位，模拟检查旅客所携带的液态物品，拍摄视频并上传。

任务三　液体检查仪的保养和维护

学习目标

1）能知道液体检查仪的日常保养维护要求。

2）能根据安检现场的实际需求，进行液体检查仪日常维护。

3）能根据液体检查仪的故障表现，正确判断故障原因，进行简单故障排除。

4）养成安全第一、严谨细致的安检工作作风。

一、基础知识

（一）设备日常保养维护要求

1）液体检查仪应使用柔软棉布进行清洁，擦拭设备零部件上的脏污、灰尘。切勿使用带有腐蚀性液体的棉布擦拭屏幕。

2）避免任何液体进入设备内部，以防内部元件短路损毁。

3）长时间不使用设备时，关闭设备电源，由专人保管，注意防潮防热。

4）避免设备与硬物发生大力碰撞，避免设备从高处跌落而损坏内部元件。

（二）设备常见故障及其处理方法

Insight200M 液体检查仪运行稳定，故障率较低，常见故障及其处理方法详见表 6.3.1。

表 6.3.1　Insight200M 液体检查仪常见故障及其处理方法

故障	处理方法
软件死机	重启软件或重启操作系统
屏幕分辨率出错	重启软件或重启操作系统
液态物品检查结果不一致或可疑	清理检测嘴/调整液态物品摆放位置/进行系统检查
检测室门无法自动打开或黏滞	清理门缝中污物/利用门钥匙开门，关闭系统，重启设备
检测室在清空状态下指示有瓶子存在	清理检测嘴
系统不能关机	若是软件问题可强制关机

注：系统软件操作过程中出现的大多数问题可以通过重启软件或设备来解决。

二、能力训练

（一）情景任务

安检人员需要具备对液体检查仪进行日常维护的能力，熟悉设备的常见故障现象、掌握简单故障的排除方法。作为一名安检机构设备部门工作人员，需对 Insight200M 液体检查仪进行日常维护与功能检测。

（二）任务准备

1）Insight200M 设备。
2）设备操作台。
3）清洁工具。

（三）练习过程

1．检查全部部件

检查检测室门是否可以正常开关（图 6.3.1）；检查检测嘴是否可以上下移动、是否可以正常运作（图 6.3.2）；检查屏幕是否可以正常操作（图 6.3.3）。

图 6.3.1 检查检测室门

图 6.3.2 检查检测嘴

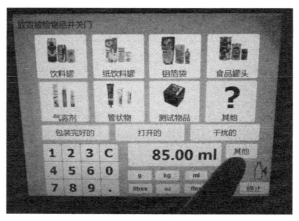

图 6.3.3 检查屏幕

2. 清理周围区域

清理液体检查仪周围区域，确保设备周围区域无脏物和灰尘（图 6.3.4）。

3. 清理通风孔道

清理通风孔道，确认所有的通风孔道内无污物（图 6.3.5），未被阻断。若有污物，用干净微湿棉布擦拭。

图 6.3.4　清理设备周围区域　　　　　　　图 6.3.5　清理通风孔道

4. 清理检测室

确认检测室内无污物和灰尘（图 6.3.6）。若有污物，用干净微湿棉布擦拭。

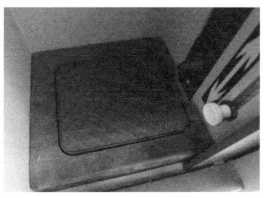

图 6.3.6　清理检测室

5. 清理屏幕

用无腐蚀性的棉布擦拭屏幕。

三、拓展学习

不同拉曼光谱技术比较

拉曼光谱在实际应用过程中衍生出了多种技术，各有其特点，不同技术的优缺点简单罗列如表 6.3.2 所示。

表 6.3.2　不同拉曼光谱技术优缺点

拉曼技术	相对信号强度	优势	劣势
传统拉曼光谱	1	设备配置要求低	信号弱；激光强度要求高；对生物材料的降解；荧光信号强；分子谱带重叠严重
显微共聚焦拉曼光谱	1	荧光信号弱；高分辨率成像	操作烦琐
表面增强拉曼光谱	$10^{10}\sim10^{11}$	显著信号增强	成像需要 SERS 标签
相干反斯托克斯拉曼光谱	10^6	信号增强，荧光信号弱	需要改变激发光波长
受激拉曼光谱	10^6	无非共振背景干扰	需要改变激发光波长
共振拉曼光谱	$10^1\sim10^5$	信号增强	荧光信号强；需要改变激发光波长
空间位移拉曼光谱	1	提供深度组织信息；低荧光信号	操作烦琐

不同的拉曼光谱技术适用于不同领域。例如，利用显微共聚焦拉曼光谱检测环境污染物；利用表面增强拉曼光谱检测果蔬真菌毒素残留，利用相干反斯托克斯拉曼光谱检测环境中微塑料的含量与分布；利用共振拉曼光谱实现无损伤的人体内抗氧化剂检测。

四、任务评价表

将 Insight200M 液体检查仪保养维护任务评分填入表 6.3.3 中。

表 6.3.3　Insight200M 液体检查仪保养维护任务评分表

评价类别	评价内容	评分标准	分值	得分
理论知识	液体检查仪常见故障及其解决方法	能准确复述液体检查仪常见故障及其解决方法。每项缺失、错误扣 5 分	30	
	液体检查仪日常维护方法	能准确复述液体检查仪日常维护方法。每项缺失、错误扣 5 分	30	
操作技能	液体检查仪的正确保养维护	能根据具体情况进行保养和维护。每项缺失、错误扣 5 分	20	
职业素养	操作规范、爱护仪器设备	保养维护时认真仔细；保养维护后分析总结；保持设备和场地整洁。每项缺失、错误扣 5 分	20	

五、课后练习

1）简述液体检查仪日常保养维护内容。

2）简述液体检查仪的常见故障及解决办法。

3）练习：以小组为单位，整理对设备进行日常维护操作的照片，配上文字说明并上传。

4）练习：以小组为单位，模拟故障处理，拍摄视频并上传。

车底安全检查系统的使用与维护

车底安全检查系统是一套对车辆底盘进行图像采集、显示、对比、警示为一体的信息管理系统，系统一般综合集成智能传感、信息处理、视频分析、光学机械等先进技术，具有对进出机动车辆识假仿冒、安检防爆、智能储存等功能，能快速发现车辆底盘加载或藏匿的爆炸品、武器、生化危险品等危险物品，防止车底携带毒品、非法走私物乃至非法移民，防止非法车辆闯入实施破坏，为确保核心部位安全所提供的一套现代化技术防范平台。

车底安全检查系统广泛使用于以下场所：机场、政府、监狱、银行库区、大使馆、军队、港口、公安等安全防范、反恐场所。重点使用场所如下：

1）海关、边境、机场的出入口检查。

2）重点部位的停车场入口检查。

3）收费站检查。

车底安全检查系统从结构上主要分为地埋式和移动式两种。地埋式车底安全检查系统，因为使用频率较高，占据市场主导地位。

地埋式车底安全检查系统顾名思义，采用地埋式安装方式，其环境适应性、图像分辨率、图像完整性、使用安全性是设备性能的关键要素。

1）地埋式车底安全检查系统在环境适应性方面需要严格按照全天候的气象条件下应用以及免维护的理念设计，并按照国家相关标准经历严格的出厂环境试验考核（包括高温、低温、高湿、淋雨、浸泡等），以确保系统能够在任何气候环境情况下都能长期稳定地工作。

2）地埋式车底安全检查系统一般采用先进的数字线阵扫描成像技术，具备极高的图像清晰度和分辨率，并确保车底整体成像、无任何遗漏。

3）地埋式车底安全检查系统的室外部件一般采用安全的低压直流供电，杜绝室外设备因使用环境潮湿、雨水可能带来的漏电安全隐患。

4）地埋式车底安全检查系统要求具有极强扩展能力，能够实现丰富的联动控制功能。

本模块将以宇视 UNV 地埋式车底安全检查系统为例，主要介绍地埋式车底安全检查系统的安装调试、日常使用和维护的相关知识。（下文若无特殊说明，车底安全检查系统指的就是地埋式车底安全检查系统。）

任务一　车底安全检查系统安装调试

学习目标

1）能细读设备说明书，了解车底安全检查系统各主要组成部分的功能。
2）能根据设备安装介绍，知道车底安全检查系统的基本安装流程。
3）能根据设备安装介绍，熟悉车底安全检查系统调试基本流程。
4）能根据工作现场要求，配合供应商、施工方协同完成施工工作。
5）养成认真细致、严谨负责的安检工作作风。

一、基础知识

车底安全检查系统涵盖道口管理的有关业务，相关产品已成熟并基本定型，其功能模块一般划分为车辆出入管理子系统和系统管理子系统。

各子系统的主要业务具体如下。

1. 车辆出入管理子系统

车辆出入管理子系统对进出车辆进行管理，包括车牌识别管理、车辆底盘扫描管理，车辆外形入库管理，驾驶员高清拍照管理，驾驶证扫描入库管理，身份证识别入库管理。系统具有开放式接口，可整合其他安检设备进行联动管理。

2. 系统管理子系统

系统管理子系统主要进行用户管理、车辆基本信息管理，实时查看各道口运行情况，自动比对报警，红绿灯控制道口闸门，负责所有子系统的协调工作，并对数据库信息进行管理。

车底安全检查系统硬件系统组成图一般如图 7.1.1 所示。

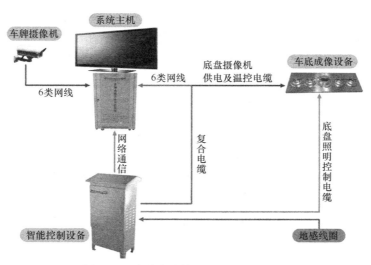

图 7.1.1　车底安全检查系统硬件系统组成图

二、能力训练

（一）情景任务

机场通道口原有车底安全检查系统使用年限已到，需要进行设备更新。作为一名机场安检机构设备部门工作人员，需配合设备供应商和施工单位，对宇视 UNV 车底安全检查系统进行现场安装调试，测试系统性能，保证设备正常工作，确保通道口日常安检工作的顺利进行。

（二）任务准备

1）联系设备供应商，提前研究相关资料，确定双方需求、施工日期及施工流程。

2）明确施工需配备相应的工具和材料，以及其准备方案。由设备供应商及施工方准备，包括切割机、混凝土、强力电钻（打孔机）、40mm 镀锌钢管、电锤、电钻、膨胀螺钉、PVC 管材等。

3）现场工勘：明确系统配套设备具体安装位置。一般前端扫描仪埋设位置确定后，才能根据相对位置明确地感线圈、车牌识别摄像机和环控设备安装具体位置。

（三）设备安装调试过程

1. 施工流程

宇视 UNV 车底安全检查系统安装的总体流程如图 7.1.2 所示。

施工准备 → 土建开槽 → 排管走线 → 上电测试 → 沙石回填 → 整机联调 → 密封划线

图 7.1.2　车底安全检查系统安装的总体流程

2. 施工准备

按任务准备方案实施常规安装可以参考如图 7.1.3 所示的效果平面图，但不同的安装地点可能受地理位置、环境影响，各部件之间摆放的位置、距离略有差异。

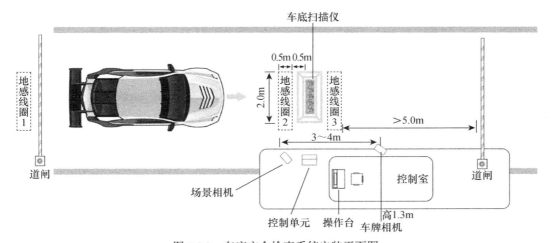

图 7.1.3　车底安全检查系统安装平面图

3. 施工流程

施工位置按图纸制定的位置，具体安装流程如图 7.1.4 所示。

开挖基坑 → 埋设前端扫描仪 → 地感线圈 → 布线 → 沙石回填夯实 → 整机联调 → 画标线

图 7.1.4　车底安全检查系统施工流程

（1）开挖基坑及埋设前端扫描仪（车底扫描仪）

重要部件前端扫描仪示意图如图 7.1.5 所示。

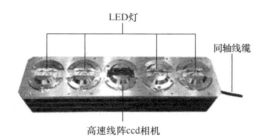

图 7.1.5　前端扫描仪示意图

前端扫描仪安装尺寸如图 7.1.6 所示，按照尺寸要求挖坑并埋设前端扫描仪。

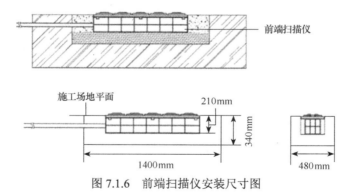

图 7.1.6　前端扫描仪安装尺寸图

具体技术要求如下：

1）安装框架底部必须支撑在已经凝固的混凝土台阶上，才能起到承重作用。

2）混凝土回填时要两边同时填沙灰，避免单侧回填时造成不锈钢壳体移位，回填时不要一次将沙灰填满以防造成沙灰里面产生气泡，要一边回填一边用工具捣实，不锈钢面板高出地面部分（高出地平面 5mm 左右）用沙灰抹成慢坡并压光。

3）以上完成后，用吸水物体铺在沙灰上面并洒水保湿，夏天约 48h，冬季要在沙灰里加盐水及在表面做保温处理，3 天后才可通过车辆。

施工流程实景如图 7.1.7 所示。

（2）地感线圈开槽、安装

如图 7.1.8 所示，地感线圈长 2000mm、宽 500mm，开地缝的深度为 50mm、宽度为 5mm，线圈外围 1m 范围内不得有金属物质，若一侧靠近铁门，则需要离开铁门至少 500mm。

图 7.1.7　前端扫描仪施工实景图

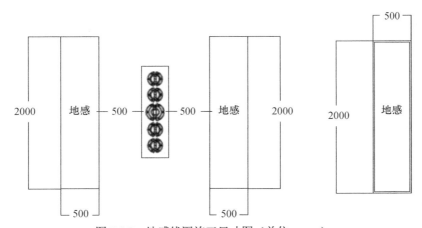

图 7.1.8　地感线圈施工尺寸图（单位：mm）

（3）排管走线

系统排管走线如图 7.1.9 所示。

具体技术说明如下：

1）关于图 7.1.9 中直径 40 套丝镀锌钢管，探测器管接头与镀锌钢管之间一定要用带螺纹的接头进行对接，不能漏水，必要情况下需使用中性玻璃胶或发泡胶对缝隙进行填充。注意尽量减少弯头的使用量，避免穿线时造成不必要的麻烦。

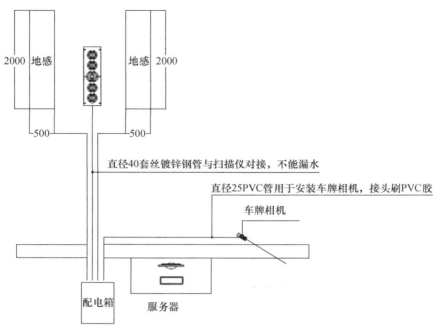

图 7.1.9　车底安全检查系统走线图（单位：mm）

2）地感线圈中非感应区域（2000mm×500mm 以外的区域）的走线以及摄像头的走线可采用直径 25mm 的 PVC 管，要求 PVC 管接头间刷 PVC 胶。

3）预埋摄像头的线管时，需要首先确认共有几个摄像头，各摄像头分别与配电箱、操作台（服务器）之间的位置、距离，以及它们之间需要连接几根线（这些可参考系统连线图），确认好后，再进行初步排管。

（4）系统连线

配电控制箱内电器连接如图 7.1.10 所示。

（5）整机联调

系统安装连接完毕后进入调试阶段，系统调试主要包括底盘成像调试、车牌识别调试等。

1）双击计算机桌面上的"车底安全检查系统"图标，输入相应的账号和密码（初始账号：1；初始密码：1），进入软件界面。让车辆正常通过（1～60km/h）车底安全检查扫描仪，过程中观察扫描仪的 LED 灯是否有被点亮，软件界面是否有车底图像出现。如果 LED 灯能被正常点亮且有如图 7.1.11 所示的类似图像出现，则说明底盘成像正常。

2）让车辆停靠在即将进入感应地感线圈前的位置，调整摄像头的焦距，使其能够清晰看见车牌。

3）车牌抓拍摄像头的方向与前端扫描仪垂直方向的夹角建议小于 20°，理想状态是 0°。如图 7.1.12 所示。

4）在调试过程中，车牌宽度应占软件中车牌显示窗口画面的 1/4 到 1/6，最佳是 1/5，如图 7.1.13 所示。

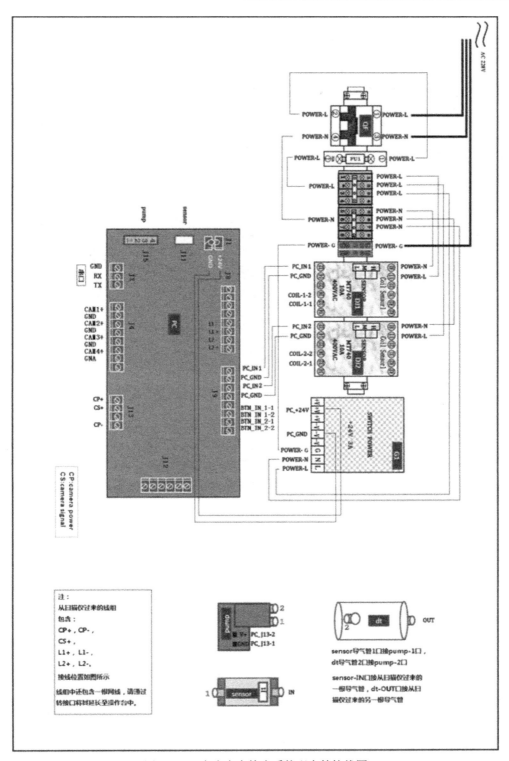

图 7.1.10　车底安全检查系统配电箱接线图

图 7.1.11　车底安全检查车底成像图

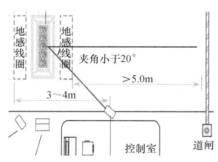

图 7.1.12　车牌抓拍摄像头安装示意图

图 7.1.13　车牌抓拍摄像头成像示意图

图 7.1.14　导流线绘制示意图

（6）密封、画线

系统安装调试无问题后，需要对车底安全检查系统的螺钉等位置打中性玻璃胶密封。为达到更好的检查效果，需在地面画上相应的导流线、警示线（图 7.1.14）。

4. 清理施工现场

施工测试完成后，按常规对施工现场进行清洁整理，不得遗漏工具和施工剩余材料。

三、拓展学习

车底安检发展史

近年来，国际形势风云变幻，国内经济迅速发展，与此同时各类安全隐患也在增多，因此，国家对安检的要求也越来越严格。为了加强公共场所和重要场合的安全检查要求，杜绝危险品进入，车辆安检设备及技术也在不断提升，从安检人员趴在车底人工检查到人工手持镜检查再到智能化车底安全扫描，是我国车底安检技术发展的三部曲。

第一部曲：人工检查。

车辆的出现，在给人们生活带来便捷的同时也存在着安全隐患，车底藏匿性大，检查难度高，车底安检势在必行。但是在当时科技并不发达的情况下，车底安检只能由工作人员亲自趴在车底一点一点进行（图 7.1.15），不仅效率低下，而且对工作人员来说也是个巨大挑战。

第二部曲：人工手持镜检查。

随着车辆的增多，人工手持镜应运而生，其工作原理是将反光镜伸入车下，通过反光镜对车底进行检查，如图 7.1.16 所示。

图 7.1.15 安检人员进行车底人工检查

图 7.1.16 安检人员用人工手持镜进行车底检查

此种检查方法相较前一种方便一些，但仍存在许多缺点。例如，当车辆通行量大、车辆人员情况复杂时，人工手持镜检查不仅工作效率低、数据登记上传工作量大，还容易出现入出口"一查就堵"的问题，并且受环境影响也较大。

第三部曲：车底安全扫描技术。

直到 2002 年车底安全检查系统的问世打破了局面。整套车底安全检查设备一般由车牌摄像机、扫描成像设备、控制柜显示屏构成。当车辆经过时，车牌摄像机自启，对车牌进行拍摄识别。经过扫描成像设备时，补光灯启动，提供照明由线阵技术成像技术完成扫描成像，将完整高清的车底扫描图片传输到显示屏上，AI 智能学习自动识别车辆可能存在的隐患进行判图，并且系统会以抓拍的车牌为"身份证"将采集到的车底图像与车辆信息等关联储存。

对比人工、手持镜等传统安全检查方法，车底安全检查系统拥有十分显著的优点。第一，其成像更加完整，尽管车辆有不同宽度、不同车型，但是成像均能在一张图上完整展现。第二，车底安全检查的效率更快。在经过扫描成像设备时，车辆时速在 1～125km/h 之间，都能够正常出图。AI 智能学习办法，加上数十年积累的车底图片，能够对车底存在的隐患进行自动判断、示警，极大提高了检测通过的效率。第三，不受环境影响，产品经过密封构造，能够防水防尘，设备箱体采用的是良好的阻热材质，环境温度在－20～70℃之间都能正常运作，适应环境能力极强。

有了高科技智能化的车底安全检查系统，安检工作的工作效率与精准度大大提高，并且在减少车底检测方面人力物力投入的同时，还能保证车底安全。

四、任务评价表

将宇视车底安检系统安装检测任务评分填入表 7.1.1 中。

表 7.1.1　宇视车底安检系统安装检测任务评分表

评价类别	评价内容	评分标准	分值	得分
理论知识	复述车底安全检查系统的系统组成	能准确复述车底安全检查系统的系统组成。每项缺失、错误扣 5 分	10	
	复述车底安全检查系统安装过程	能准确复述车底安全检查系统的安装过程。每项缺失、错误扣 5 分	10	
操作技能	设备安装	按标准在指定位置安装各部件、无磕碰损伤、能正常运行。每项缺失、错误扣 10 分	30	
	系统调试	所有子系统运行正常，并进行系统整体调试。每项缺失、错误扣 10 分	30	
职业素养	养成良好工作习惯和态度	安装调试时认真细致；保持设备和场地整洁。每项缺失、错误扣 5 分	20	

五、课后练习

1）简述车底安全检查系统的系统组成。
2）简述车底安全检查系统的安装过程。
3）简述车底安全检查系统的调试过程。
4）练习：小组沙盘模拟车底安全检查系统的安装过程，拍照，配上文字说明并上传。

任务二　车底安全检查系统的使用

学习目标

1）能通读设备说明书，了解车底安全检查系统各主要组成部分的功能。
2）能根据设备使用说明，熟悉车底安全检查系统基本的操作流程。
3）能熟读设备使用说明，熟悉现场，正确使用车底安全检查系统进行车底检查。
4）能根据工作现场要求，配合其他工作人员完成道口安检工作。
5）养成认真细致、严谨负责的安检工作作风。

一、基础知识

（一）车底安全检查系统的检查流程

1. 进场检查

在没有任何车辆时，防撞墙始终处于升起状态，以随时防备车辆的恶意闯关行为。当信号灯显示为红灯时，车辆务必停在待检线外等候。

当道口信号灯显示绿灯时，表示可以接受车辆安检通行；这时车辆以低于 30km/h 的速度匀速驶入，当接触地感线圈 1 时，信号灯将转换为红色以阻止后续车辆驶入；同时触发车辆身份识别，当系统确认车辆身份正确后，将自动开启道闸，否则道闸保持关闭。这时可以经过安检人员核实车辆身份后手动开启道闸。当车辆完全经过线圈 1 后，道闸自动关闭禁止后续车辆驶入。

合法车辆继续保持匀速驶过道闸，当接触地感线圈 2 时，将启动车底图像扫描；当车辆完全经过线圈 3 后，车底扫描将停止，系统主机将显示完整的车底图片，车辆停在待检放行区等候放行，工作人员上车检查，同时车上人员下车进行证件录入及人员安检。

当车辆检查确认安全后，安检人员操作降下防撞墙放行车辆。

当车辆完全通过通道出口处道闸后，安检人员操作升起防撞墙，信号灯转换为绿色，进入下一车辆的安检程序。

2. 离场记录

当车辆到达时，安检人员操作降下防撞墙放行车辆，当车辆接触地感线圈时，触发车辆身份识别并记录，当系统确认车辆身份正确后，将自动开启道闸，否则道闸保持关闭。这时可以经过安检人员核实车辆身份后手动开启道闸。

车辆完全通过线圈后，道闸将自动关闭，安检人员操作升起防撞墙。在没有任何车辆时，防撞墙始终处于升起状态，以随时防备车辆的恶意闯关行为。

（二）车底安全检查系统的检查流程图

车底安全检查系统的工作流程图如图 7.2.1 所示。

二、能力训练

（一）情景任务

机场通道口宇视 UNV 车底安全检查系统已经安装调试完毕，现正处于试运行阶段。作为一名机场安检设备部门工作人员，需对宇视 UNV 车底安全检查系统进行使用测试，协同设备操作员建立基础数据库，积累设备运行经验，检测系统性能，保证设备正常工作，确保通道口日常安检工作顺利进行。

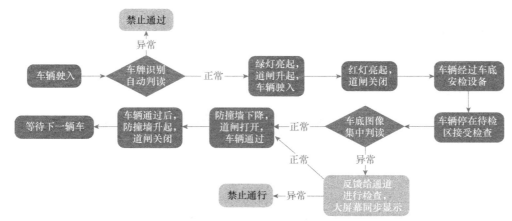

图 7.2.1 车底安全检查系统工作流程图

（二）任务准备

1）熟读宇视 UNV 车底安全检查系统的使用说明，熟悉系统基本操作流程。

2）熟悉工作现场，了解宇视 UNV 车底安全检查系统各主要设备的安装位置、工作状况。

3）与设备操作员对接，了解设备目前的使用状况及存在问题。

图 7.2.2 系统登录界面

（三）练习过程

1. 登录宇视 UNV 车底安全检查系统

1）双击计算机桌面上的"车底安全检查系统"图标（目标文件为 VehicleScan.exe），弹出登录窗口（图 7.2.2）。

2）输入正确的用户名和密码（初始账号：1，初始密码：1），然后单击"登录"按钮。

3）如果您是管理员用户，您可以单击"注册"按钮来管理软件用户。

4）单击"退出"按钮，该界面将会关闭。

软件正常启动后，设备自动进入工作状态，主界面如图 7.2.3 所示。使用完毕，请单击"退出"菜单，关闭软件。

2. 熟悉车底安全检查系统工作主界面的功能

（1）缩放功能

车底缩放功能及其描述详见表 7.2.1。

表 7.2.1 缩放功能及其描述

功能	描述
缩放	车底图像缩放显示于"实时窗口"或"浏览窗口"中，当鼠标位于窗口内时，可通过鼠标滚轮以及键盘上的"上""下"方向键，可以实现 1～16 倍放大显示，按下鼠标左键可以实现拖动查看功能
全景	车底图像平铺于"实时窗口"或"浏览窗口"中，此为默认设置

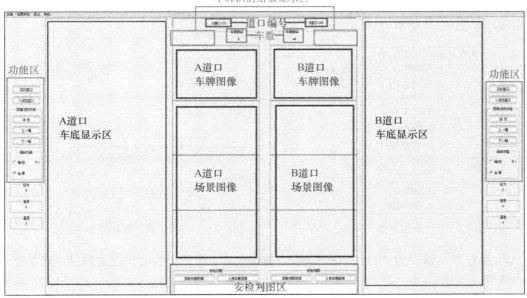

图 7.2.3　车底安全检查系统主界面

（2）图像浏览功能

"实时窗口"为实时显示车底图像，"浏览窗口"为浏览历史图像，默认状态为"实时窗口"，两个窗口可通过按钮进行切换，相关功能及其描述详见表 7.2.2。

表 7.2.2　图像浏览功能及其描述

功能	描述
浏览	可载入已存储的图像文件
上一幅	浏览当前文件夹中的上一幅车底图像
下一幅	浏览当前文件夹中的下一幅车底图像

（3）设置"采集"

在主界面的"采集"菜单栏（图 7.2.4）下，可设置采集开始与停止，功能及其描述详见表 7.2.3。

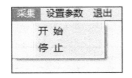

图 7.2.4　"采集"菜单

表 7.2.3　"采集"菜单栏下的功能及其描述

功能	描述
开始	系统进入工作状态。车底相机开始采集，系统通过算法自动判断是否有车辆通过
停止	车底系统停止采集

（4）"设置参数"

1）设置"根目录"。

① 选择"设置参数"→"根目录"，如图 7.2.5 所示，进入"根目录"设置界面。

② 在文本框直接输入或者单击 按钮选择合适路径，然后单击"确定"按钮，操作完成，如图 7.2.6 所示。

图 7.2.5　"设置参数"菜单

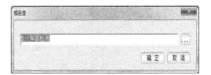

图 7.2.6　"根目录"设置界面

③ 系统默认路径为"\D：\车底检测"，首次使用，系统会自动创建此路径。推荐使用此路径。

2）设置"相机参数"。

① 选择"设置参数"→"相机参数"，进入"相机参数"设置界面（图 7.2.7）。

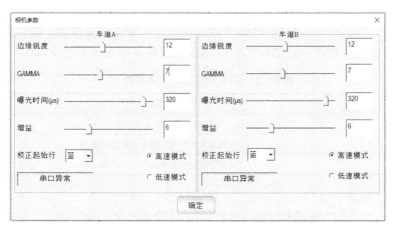

图 7.2.7　"相机参数"设置界面

② 设置相机相关参数，主要参数设置说明详见表 7.2.4 所示。

表 7.2.4　车底扫描矩阵相机主要参数设置说明

参数	描述
边缘锐度	用来调整车底边缘算法阈值，值越大越容易检出边缘（推荐值为 12，不建议改动） 说明： 　对于车头寻找，如果有误触发，应适当增大该值；如果找不到车头，应适当减小该值。对于车尾寻找，如果提前找到车尾，应适当减小该值，如果找不到车尾，应适当增大该值
GAMMA	车底图像的 GAMMA 校正。GAMMA 值越小，高亮区对比度降低、低亮区对比度升高，同时图像整体亮度升高。GAMMA 值越大，作用相反，该值为 7 时，校正结果和原始图一样（推荐值为 7）

续表

参数	描述
曝光时间	用来调整车底相机曝光时间长度（推荐值为320us）
增益	用来调整车底图像的对比度。增益越大，图像对比度越高。反之，图像对比度越低。如果车底图像偏暗，可以把增益调大，噪声也会相应增加（推荐值为6）
校正起始行	当车辆进向驶入，出线口在驾驶员同侧，则不需更改，默认为蓝起始。出线口在副驾驶同侧，则设置为红起始（默认值为"蓝"）
串口正常/异常	用来检查串口的连接状态。串口已连接显示为"串口正常"，串口未连接显示为"串口异常"
高/低速模式	用来匹配高速车和低速车的帧率（默认值为"高速模式"）

③ 单击"确定"按钮，完成配置。

3）设置"创建站点"。

① 选择"设置参数"→"创建站点"，进入"创建站点"设置界面（图7.2.8）。

图7.2.8　"创建站点"设置界面

② 建立该站点信息，站点信息的参数设置说明详见表 7.2.5。

表 7.2.5　车底扫描系统多站点参数设置说明

参数	描述
站点名称	根据输入的 A、B 道口编号自动生成站点名称（A-B），该站点名称与车底服务器软件中站点管理下的站点名称一致，并自动创建
道口数量	表示该站点管理的道口数量，最大为 2 道口，用户根据该站点的实际车底数量进行选择，如果道口数量选择 1，B 道口的信息则不要填写
A/B 道口	道口编号：表示该站点的道口编号信息，可输入数字或者字母； 扫描仪 IP：A/B 道口如上初始值，如果需要更改，车底摄像机 IP 需要和该参数一致； 主机网卡 IP：该主机网卡 IP 参数填写 PC 端网卡 IP，A 道口主机网卡与 A 道口车底交换机连接
	车牌相机：IP 和密码初始已设置，如果需要更改，车牌 IP 需要和该参数一致
	场景相机 场景路数：按照各通道接入场景数选择数量，如 0、1、2、3； 场景 IP 和密码：可根据实际接入的现场摄像机，输入 IP 和密码
判图服务器参数	服务器判图开关：是否开启服务器判图，如有车底服务器，则打开开关，并输入服务器端 IP，否则关闭； 服务器 IP：输入服务器端车底判图计算机的 IP，客户端车底图片通过网络传送至该服务器

图 7.2.9　"平台对接参数"设置界面

③ 单击"确定"按钮，自动生成该站点信息，同时该站点信息发送至车底服务器端，在车底服务器端的站点管理中自动生成该站点的信息。如果站点信息有变化，在车底客户端软件填写后重新确定。

4）设置"平台对接参数"。

① 选择"设置参数"→"平台对接参数"，进入"平台对接参数"设置界面（图 7.2.9），该功能用于对接第三方平台，具体平台对接参数及其描述详见表 7.2.6。该功能可选开启或关闭，如有第三方平台则打开开关。

表 7.2.6　平台对接参数及其描述

参数	描述
平台 IP	平台接收端的 IP 地址
平台端口	平台接收端的端口号
URL	HTTP 协议路径即接口地址

② 单击"确定"按钮，完成配置。

5）设置"标准车底库"。

① 选择"设置参数"→"标准车底库 A/B"，进入标准车底库设置界面（图 7.2.10 和图 7.2.11）。

② 为车底比对提供模板。在标准车底库设置界面中，单击"搜索"按钮，根目录下的所有满足车牌号和日期条件的车底图像文件将会加载到数据源中，选中要导入数据

库（左侧空白窗口）的数据项，单击"加载"按钮即可；反之，单击"删除"按钮，即可从数据库中删除选中的数据项。

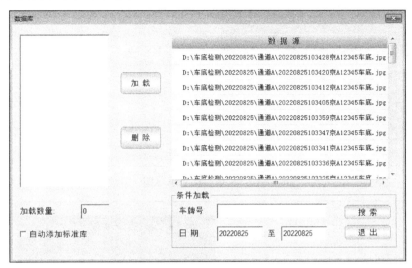

图 7.2.10　标准车底库 A 设置界面

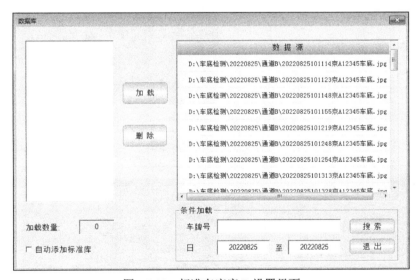

图 7.2.11　标准车底库 B 设置界面

③ 自动添加标准库：选中此项后，系统自动判定同一车牌最后一次图像为标准车底库。如不选此项，标准库需人工判定。

④ 设置完成单击"退出"按钮。

6）设置"车底比对显示"。

① 选择"设置参数"→"车底对比显示 A/B"，进入车底比对界面。

启动后，当车辆经过时，系统会根据识别到的车牌号自动搜寻标准车底库中的对应模板，并对比显示（图 7.2.12～图 7.2.14）。

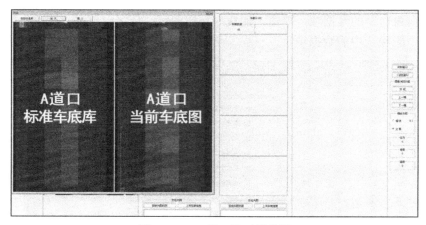

图 7.2.12　A 道口比对示意图

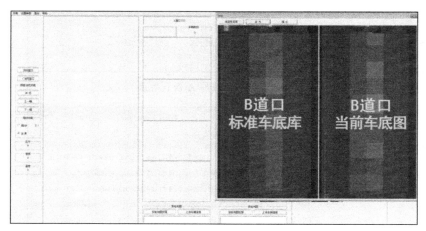

图 7.2.13　B 道口比对示意图

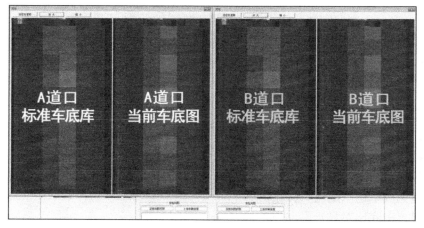

图 7.2.14　AB 道口同时开启比对示意图

② 此状态下单击"选定标准库"，即可替换到当前标准库。

7）设置"启用登录框"。

选中此项，双击车底客户端后则出现如图 7.2.15 所示的登录界面。如果不选中此项，双击后则直接出现软件界面。

8）"启用叠加信息"。

此项默认选中，选中后所有车底图片顶端会出现车牌号码及通过时间文字，如图 7.2.16 所示，不选中则没有。

图 7.2.15 启用登录示意

图 7.2.16 叠加信息示意图

（5）退出

如果需要关闭软件，则单击"退出"，再单击"确定"按钮即可退出，如图 7.2.17 所示。

3. 进行车底安全检查

宇视 UNV 地埋式车底安全检查系统流程采用程序定制，可以根据检查现场的情况来自行设计和配置辅助设备（如车

图 7.2.17 软件退出窗口

牌摄像机、场景摄像机、道闸、路障机、信号灯、地感线圈等），然后通过系统主机来编制整个检查流程，从而满足各种检查现场需要。

在熟悉系统软件和硬件设施的前提下，可以按照宇视 UNV 地埋式车底检查系统标准流程进行车体安全检查实际操练。

现场道口车底安全检查一般流程如下：

1）道闸外停车，检查车辆通行证；车上其他人员下车接受安检，如图 7.2.18 所示。

2）车辆通过车底安全检查系统，安检人员查看车底图像（图 7.2.19）。

图 7.2.18 车辆在道口外接受检查

图 7.2.19 车辆通过车底检查系统时产生的图像

3）驾驶员下车接受安检（图 7.2.20）；安检员进行车辆检查（图 7.2.21）。

图 7.2.20　驾驶员下车接受安检

4）检查完毕，道闸放行，车辆进入机场控制区，如图 7.2.22 所示。

图 7.2.21　安检员进行车辆检查　　　　图 7.2.22　道口检查完毕，车辆进入机场控制区

三、拓展学习

影响车底成像设备性能的关键因素

车底成像设备是车底安全检查系统中的关键设备，它用于完成对车辆底盘图像的数据采集，便于计算机对其处理成像。产品一般采用目前先进的彩色数字线阵成像技术，该技术能实现对车底一次性完整无遗漏的扫描成像，扫描后的车底图像分辨率能高达5000 万像素以上。但车底成像设备是室外安装设备，该部件的环境适应性是决定整个系统能否长期稳定工作的关键。目前，车底成像设备普遍采用模块化设计，使其具有良好的环境适应性，其组件箱体、机芯、LED 面光源等重要部件均采用特殊抗压防护防震密封设计，整个设备密闭安装，很好地满足了用户对防水、防潮、防尘、防雾等的性能要

求。因此具有优异的稳定性和可靠性，能在任何自然环境下长时间地正常工作，实现了全天候和免维护的使用需要。

车底成像设备的埋设位置、安装水准会在很大程度上影响车底安全检查系统的性能，施工精度较高。前端扫描仪（车底成像设备中的关键部件）的埋设位置需要考虑以下几个因素。

1. 通道宽度

根据通道宽度计算出通道中心线，在前端扫描仪中心线与通道中心线重合的位置埋设车底扫描仪。

2. 通道进入车辆长度

为保证扫描所有进入车辆的底盘信息，需要统计进入通道的最长车辆的长度，使前端扫描仪埋设位置到放行道闸之间的距离满足最长车辆的停放。

3. 通道地下管道及电缆铺设情况

前端扫描仪埋设位置必须避让地下管道和电缆，以免受干扰。

四、任务评价表

将宇视车底安检系统使用任务评分填入表 7.2.7 中。

表 7.2.7　宇视车底安检系统使用任务评分表

评价类别	评价内容	评分标准	分值	得分
理论知识	车底安全检查系统的工作流程	能准确复述车底安全检查系统工作流程。每项缺失、错误扣 5 分	10	
操作技能	车底安全检查系统的软件设置	能熟练使用软件，准确进行系统参数配置。每项缺失、错误扣 5 分	20	
	车底安全检查系统配套设备使用	能熟练操作道闸、防撞墙、红绿灯、身份证识别、驾驶证扫描等配套设备。每项缺失、错误扣 10 分	30	
	车底安全检查系统整体操作	能按规定流程正确操作；无顺序错误、无步骤遗漏。每项缺失、错误扣 10 分	20	
职业素养	养成良好工作习惯和态度	检查时认真仔细，无遗漏环节；检查后整理、记录；保持设备和场地整洁；文明服务。每项缺失、错误扣 5 分	20	

五、课后练习

1）简述车底安全检查系统的一般检查流程。
2）简述宇视车底安全检查系统软件的主要功能。
3）简述车底安全检查系统中车底数据库比对的作用。
4）练习：小组合作，现场拍摄车底安全检查系统的检查流程，配上文字说明并上传。

任务三　车底安全检查系统保养和维护

学习目标

1）能熟悉车底安全检查系统理论，知道车底安全检查系统常规的保养知识。

2）能根据安检现场的实际需求，进行车底安全检查系统的常规保养。

3）能熟悉车底安全检查系统的工作原理，准确判断故障原因，进行简单故障排除或报修。

4）养成认真细致、严谨负责的安检工作作风。

一、基础知识

（一）车底安全检查系统常规保养

车底安全检查系统常规保养注重点具体如下：

1）应随时保持车底扫描仪照明装置窗口和摄像机装置窗口的清洁，以保证底盘图像的成像效果，摄像机装置窗口玻璃清洁时应先用冷水冲洗，然后使用柔软的湿布（如计算机屏幕清洁布）擦拭干净或自然晾干，切忌随意使用纸张或干布擦拭，否则可能磨损窗口玻璃，影响成像效果。

2）照明装置在使用一段时间后，可能会出现窗口起雾或轻微进水现象，属于正常现象，不会影响成像效果及设备的正常运行。

3）请勿让摄像机装置和照明装置长时间地浸泡在地埋设备坑体的积水中，否则会缩短设备的使用寿命。

4）应保证系统供电稳定，如果使用场所供电不稳定或经常停电，会导致主机软件数据损坏，严重的可导致系统部件损坏，这时建议配置 UPS 或类似设备。

5）关闭系统主机时，应使用菜单程序上的"退出系统"，不要直接关闭主机电源，否则可能导致软件数据损坏，严重的可导致主机硬盘物理损坏。

6）请勿在系统主机上使用外来盘、上网，以避免遭受网络攻击或感染计算机病毒。

（二）车底安全检查系统的软件维护

1. 参数备份及恢复

当确认系统一切工作正常后，一般需要进行参数备份以备份当前参数，由于需要备份的参数相对较少，故系统不提供专用备份工具，手工拍照或在操作手册上记录即可。

参数备份主要内容包括：站点参数、对接参数、相机参数、车底库信息等。

当软件系统发生故障，但操作系统还能正常运行，应重新安装车底安全检查系统软件后，根据备份参数进行系统参数设置。

2. 车底图像数据库备份及恢复

每隔固定时间段，需对车底图像数据库进行手动备份，并做好备份数据冗余，相关工作建议记录在设备台账上。

如果发生系统故障，需要重新恢复车底图像数据库时，只需将备份文件复制到目标路径即可。

3. 系统备份及恢复

系统安全责任重大，安检人员需牢固树立防范意识，定期做好系统备份工作。备份工作建议使用操作系统备份及专用软件（如 GHOST）备份两种方式同时进行，一般每月备份一次，备份数据存放于专用安全介质。

当软件系统发生故障，并且操作系统无法正常工作，这时可以使用计算机操作系统的恢复功能来排除故障；如无法使用操作系统恢复，则可以使用专用软件恢复系统。恢复系统建议使用最近备份时间点。

4. 重新安装软件

当主机由于硬盘损坏需要更换新硬盘，或者硬盘分区数据损坏造成无法从系统备份恢复系统时，就需要更换设备，重新安装 Windows 操作系统。

对主机上运行的 Windows 操作系统具体要求如下：

1）支持 Windows 7、Windows 2007 以上操作系统。

2）硬盘分区至少三个（即 C、D、E），其中，C 作为系统盘安装计算机系统的分区，D 作为标准底盘图像存储分区，E 作为历史资料存储分区。

3）计算机显示系统支持 DIRECTX 9.0，并且启用 DIRECTDRAW 加速，显示分辨率至少 1024×768 以上，否则操作主界面可能显示不全。

4）设置"本地连接"的 IP 地址和子网掩码使主机和车底成像设备处于同一网段。

Windows 操作系统安装完成后，车底安全检查系统软件安装的步骤如下：

1）安装相关外设（车牌、场景、车底摄像、智控）驱动。

2）安装宇视车底安全检查系统主程序（厂家提供）。

3）参数恢复、车底图像数据库恢复。

二、能力训练

（一）情景任务

地埋式车底安全检查系统的日常保养和维护是民航安检道口检查人员要掌握的基本技能，而了解车底安全检查系统的系统组成，熟悉常见故障现象，知道简单故障的排除方法则是安检设备部门工作人员的必备技能。作为一名安检设备部门工作人员，需对宇视车底安全检查系统进行定期保养维护，确保设备长期正常稳定运行。

（二）任务准备

1）熟读宇视车底安全检查系统的布线图、车底安全检查系统使用说明书。

2）了解现场相关配套设备的安装情况。

3）熟悉设备操作流程和方法。

4）准备常规安检设备保养维修工具。

（三）练习过程

1. 启动车底安全检查系统并试运行

按规定程序启动车底安全检查系统，系统正常启动后进行设备试运行。

系统如未正常启动，常见问题及处理方法如下。

1）车底系统软件打开时提示"错误码＝12 打开车底相机失败！"。

未找到驱动导致，尝试重装软件，若未解决则恢复备份系统处理。

2）车底系统软件打开时提示"错误码＝16 打开车底相机失败！"。

按以下步骤逐步排查：

① 车底扫描软件与车底相机间的网络是否正常。

② 车底相机连接网线在配电柜中交换机的网口灯是否亮起。

③ 确认交换机是否为千兆交换机。

④ 确认车底相机是否为原始默认 IP。

⑤ 缓慢重启软件是否正常打开。

3）单机运行正常打开软件，接入其他某一网络环境中时，打开软件提示"打开车底相机失败"。

① 确认外接网络环境中是否存在设备的 IP 与车底相机 IP 冲突。

② 确认车底计算机网络设置中是否添加了两个 IP。

4）打开车底安全检查客户端软件时，界面提示"打开车牌相机失败"。

检查车牌线缆连接是否正常，重新插拔，听到锁扣音锁紧即可。

2. 设备运行过程中排查

注意环境拍照、车牌抓拍、车底成像是否清晰正常；观察道闸、防撞墙、红绿灯控制系统是否运作正常；关注驾驶员信息录入设备（身份证读取、驾驶证扫描设备）是否工作正常。

设备运行过程中，常见问题及处理方法如下。

（1）车底图片拼接不正常

选择"设置参数"→"相机参数"→"校正起始行"，修改"蓝起始"为"红起始"（若原始设置为"红起始"，则修改为"蓝起始"）即可。

（2）车牌识别率偏低

1）检查抓拍角度是否太大，要求水平侧角小于 20°，安装高度建议为 1.3～1.5m，车牌像素控制在 60 万～600 万之间。

2）保持车牌水平，调整画面清晰度，同时调整识别区域和虚拟线圈四个顶点的位置。

3）打开车牌相机配置界面，选择"实时显示"，拖拉虚拟线圈和识别区域四个顶点，识别区域尽可能多得包含有效车牌区域，虚拟线圈位置应调整至视频下部的三分之一至二分之一处；如果夜间车牌识别率偏低，检查补光灯角度是否合适。

（3）车辆进出方向都识别为进方向

配电箱接计算机（PC）的串口 RS232 线连接错误，导致软件无法区分进出方向。

（4）车底扫描设备补光灯常亮

检查扫描仪传感器周围是否有干扰，如果传感器上有雨滴等情况，擦拭干净即可。

（5）车底扫描如何修改未识别车牌号时输出的默认号牌

1）进入 C 盘-windows 文件夹中，修改 CamParam.ini 文件。

2）将配置文件中的 DefaultPlate 后的车牌号码改为需要更改的车牌或参数。

3）重启车底扫描软件。

（6）打开车底安全检查客户端软件无任何报错，但过车后无车底图片

检查车底安全检查系统软件主界面上窗口是否为采集窗口，若为浏览窗口则不显示新采集的车底图片。

（7）车底安全检查系统在没有过车的情况下，出现了抓拍现象

在没有过车的情况下出现抓拍现象，可能是传感器上有干扰，需要检查传感器并擦拭干净。

（8）车底整体图像偏暗或偏亮

打开车底安全检查软件，选择"选项"→"相机参数"→"曝光时间"，如果车底图片偏暗，将"曝光时间"增大；如果车底图片过亮，将"曝光时间"降低。

（9）过车采集到的车底只有部分车底图像

车底采集图像不完整，如车头或者车尾有被切掉的部分，则打开车底安全检查软件，选择"选项"→"相机参数"→"边缘锐度"调小；如果车辆经过扫描仪时长时间停留，软件系统自动去重，但会出现局部拉伸，建议实际车辆经过扫描仪时连续匀速通过。

（10）过车后采集到的车底有前后两辆车的车底图像

控制好前后两辆车的间距，标准为前一辆完全通过扫描仪，LED 灯熄灭后，再进入下一辆车，可通过画黄线或增加减速带的方式进行隔断。

（11）车辆行驶速度问题

系统默认支持 1～30km/h 的行驶速度通过车底扫描装置，如果速度大于 30km/h，系统会按 30km/h 的速度进行采集处理。

3. 日常保养

如果设备运行正常无误，可以进行日常保养工作，具体内容如下：

1）检查控制箱线路连接有否松动脱落。

2）清洁各摄像机镜头及照明玻璃。

3）检查车底扫描仪固定螺栓有否松动脱落。

4）检查防撞墙（栏）升降是否顺畅。

5）设备各组件表面清洁。

6）系统数据备份。

4. 完成保养维护记录

完成保养和维护工作后，在专用记录本及工单上做好记录。如果有设备改动或参数调整需要详细说明情况，相关人员签字确认。

三、拓展学习

移动式车底安全检查系统介绍

目前，车底安全检查设备已广泛应用在政府机关、民航机场、铁路、监狱等重要安全保卫的场所，其大多数为固定或半固定安装，缺乏机动性和灵活性，只能进行定点检测。在一些需要临时设立安检点的区域，原有的固定式和半固定式的安检设备无法满足当下安检的要求，而人工手持式检测设备检查效果有限、效率低下，因而移动式车底安全检查系统成为最优选择。

移动式车底安全检查系统的工作原理与地埋式车底安全检查系统并无差别，仅仅是对设备进行设计、选型优化，以适应灵活移动、快速处理的实际需求，下文以深圳中安高科 ZA-UVSS-I 移动式车底安全检查系统为例，简单介绍移动式车底安全检查系统。

移动式车底安全检查系统一般由车底扫描仪、车牌抓拍摄像机、操作台三个主要部件组成，如图 7.3.1 所示。操作台集成了地埋式车底安全检查系统的主机、智能控制模块功能；车底扫描仪也做了小型化设计。

移动式车底安全检查系统现场安装相对简单，对环境要求较低。一般工作现场布局如图 7.3.2 所示。

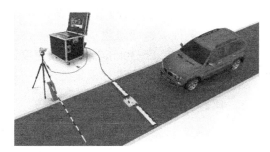

图 7.3.1　移动式车底安全检查系统的组成　　图 7.3.2　移动式车底安全检查系统的现场布局

移动式车底安全检查系统软件的操作功能、界面也与地埋式车底安全检查系统相仿，仅对部分功能做了简化，如图 7.3.3 所示。

四、任务评价表

将宇视车底安全检查系统保养维护任务评分填入表 7.3.1 中。

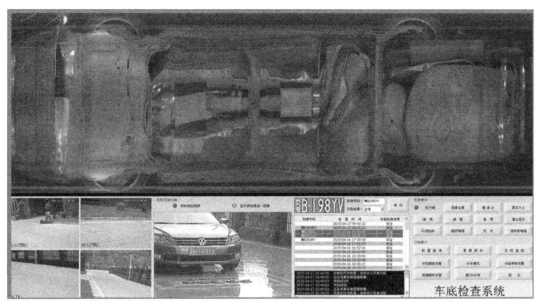

图 7.3.3　移动式车底安全检查系统的软件界面

表 7.3.1　宇视车底安全检查系统保养维护任务评分表

评价类别	评价内容	评分标准	分值	得分
理论知识	车底安全检查系统的软件维护要领	能准确复述车底安全检查系统的软件维护要领。每项缺失、错误扣5分	10	
	车底安全检查系统的保养注意事项	能准确复述车底安全检查系统保养注意事项。每项缺失、错误扣5分	10	
	常见故障出错提示及其处置方法	能准确复述常见故障出错提示及其处置方法。每项缺失、错误扣5分	10	
操作技能	车底安全检查系统的软件维护操作	能熟练进行车底安全检查系统软件的参数设置、备份和恢复工作。每项缺失、错误扣5分	20	
	车底安全检查系统的维护保养操作	能按照设备保养要求正确进行所有配套设备的保养、调整。每项缺失、错误扣5分	30	
职业素养	养成良好工作习惯和态度	检查时认真仔细,无遗漏环节;检查后记录;保持设备和场地整洁;文明服务。每项缺失、错误扣5分	20	

五、课后练习

1）简述车底安全检查系统日常保养的注意事项。

2）简述车底安全检查系统软件备份与恢复方法。

3）简述车底安全检查系统常见故障及排除方法。

模　块　八

其他安检设备的使用

目前，市场上常见的安检设备有自主安检验证闸机、金属探测门、毫米波人体安全检查设备、手持式金属探测器、X 射线机等。以上设备多用于机场旅检通道、火车站及地铁站等交通系统的安全检查，能够帮助安检人员快速确认被检对象是否携带违禁品。在其他领域同样有不同类型的安检设备，旨在保证人类所生存的环境更为安全。例如，对货物及车辆检查的成像系统、对爆炸物违禁品进行探测的仪器设备、食品安全检测设备等。

本模块将对集装箱/车辆安全检查系统、手持式拉曼光谱仪以及人脸识别自助闸机系统三种安检设备进行介绍。通过对其基本功能、工作原理的分析以及具体的操作练习，帮助同学们掌握这些安检设备的相关知识。

任务一　集装箱/车辆安全检查系统使用

📚 学习目标

1）能知道集装箱/车辆安全检查系统的功能和工作原理。
2）能严格按照操作规程，规范使用集装箱/车辆安全检查系统。
3）能按照规定流程，利用集装箱/车辆安全检查系统判断被检测对象是否藏匿违禁品。
4）养成认真细致、严谨负责的安检工作作风。

一、基础知识

（一）集装箱/车辆安全检查系统功能介绍

集装箱/车辆安全检查系统采用 X 射线成像技术，可以为检查人员提供精准的图像信息，查验集装箱和车辆藏匿的违禁品、走私品和危险品。集装箱/车辆安全检查系统的综合性能强、扫描范围大，能根据检查需要进行拆分、转场及重新部署，适用于港口、陆路口岸、机场等场所查验集装箱和车辆。

（二）集装箱/车辆安全检查系统的工作原理

X 射线成像分系统是集装箱/车辆安全检查系统的核心，由加速器、探测器和数据获取与控制模块组成，用来生成 X 射线透射图像。在对被检集装箱/车辆进行扫描（检查）时，加速器产生的高能 X 射线脉冲穿透被检货物，高灵敏度探测器接收 X 射线，经过数据获取与控制模块实时生成一列列的数字图像信号。当整个扫描过程结束时，在数据处理中心会得到被检集装箱/车辆的完整图像。X射线成像分系统示意图如图8.1.1所示。

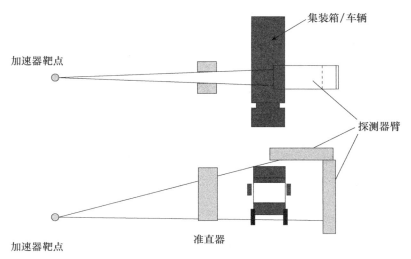

图 8.1.1 X 射线成像分系统示意图

备注：X 射线是一种电磁波，具有很强的穿透能力，甚至能够穿透一定厚度的钢板，因此常被用于对物体内部的透视成像。

二、能力训练

（一）情景任务

集装箱/车辆安全检查系统可以帮助安检人员"透视"被检查对象的内部，做到快速判断是否有可疑物品。作为货运站安检人员，需利用集装箱/车辆安全检查系统对进入控制区的集装箱/车辆进行检查，确保没有藏匿走私品或违禁品。

（二）任务准备

1）集装箱/车辆安全检查系统。

2）集装箱卡车。

（三）练习过程

1. 系统上电

系统上电，加速器完成预热，系统进入就绪状态，如图8.1.2所示。

2. 信息输入

驾驶员在被检车辆扫描通道入口处的检入站提交报关信息，操作员将被检查车辆信息输入计算机。

3. 驶入扫描通道

驾驶员将集装箱卡车驶入扫描通道，如图8.1.3所示。

图8.1.2　系统进入就绪状态　　　　图8.1.3　集装箱卡车即将驶入扫描通道

4. 准备扫描

集装箱卡车停稳后，驾驶员下车，离开控制区域，系统准备扫描（图8.1.4）。

5. 开始扫描

操作员确认通道内无人后，落下电动挡杆，启动扫描预警装置，开始扫描（图8.1.5）。

图8.1.4　系统准备扫描　　　　图8.1.5　系统开始扫描

图8.1.6　被检车辆驶离控制区域

6. 查看结果

车辆扫描结束后，驾驶员进入通道，将被检车辆驶离控制区域（图8.1.6）。操作员查看检查图像，根据具体情况决定对被检车辆进行开箱检查或放行。

三、拓展学习

辐射对人体的危害及提高辐射安全标准的措施

　　X 射线照射人体时，它们会与人体的细胞、组织、体液和其他物质发生相互作用，导致该物质的原子或分子发生离子化，从而可以直接破坏体内某些大分子结构。另外，辐射可以使体内广泛存在的水分子离子化，从而形成一些自由基，并通过这些自由基的间接作用而损害人体。辐射损伤的发病机理与其他疾病相同。致病因素作用于人体后，除了在分子和细胞水平上引起变化外，它们还可能产生一系列辅助作用，最终导致器官水平的障碍，甚至在整体水平上发生变化。辐射作用于人体后，对人体造成的损害与 X 射线剂量直接相关。剂量率是每单位时间吸收的剂量。在极小剂量率的情况下，当身体损害与其修复相平衡时，可以长时间照射身体而不会造成损害。当累积剂量很大时，即使长期暴露于小剂量也会导致慢性放射损伤。为了避免意外发生，集装箱/车辆安全检查系统采取以下措施用于提高辐射安全标准。

　　1）屏蔽：加速器和探测器周围有很厚的屏蔽材料，能有效屏蔽 X 射线。

　　2）声光报警器：系统配有警灯和蜂鸣器，用以指示系统所处状态。当系统出束时，红色警灯和蜂鸣器工作，提醒所有人员不得进入控制区域，防止人员在射线发射时暴露于其中。

　　3）红外报警器：在出束过程中，当有人进入控制区域时，进行警报。

　　4）安全联锁：

　　① 急停开关按钮——当紧急情况发生时，按下任一个急停开关按钮，会立即切断加速器分系统电源。

　　② 钥匙开关——当此开关断开时，加速器不能出束。

　　③ 电动挡杆——当电动挡杆升起时，加速器不能出束。

　　5）微波安全控制：当加速器波导内所充气体的压力低于正常值时，控制系统将切断电源，停止产生微波。

　　6）操作台配有闭路监视系统和广播系统，可监测整个检查区域的安全情况，并随时广播。

四、任务评价表

　　将集装箱/车辆安全检查系统使用任务评分填入表 8.1.1 中。

表 8.1.1　集装箱/车辆安全检查系统使用任务评分表

评价类别	评价内容	评价标准	分值	得分
理论知识	集装箱/车辆安全检查系统的功能	能准确复述集装箱/车辆安全检查系统的功能。每遗漏或错误描述一项内容扣 3 分	10	
	集装箱/车辆安全检查系统的工作原理	能准确复述集装箱/车辆安全检查系统的工作原理。每遗漏或错误描述一项内容扣 2 分	10	
	提高辐射安全标准的措施	能准确复述两种提高辐射安全标准的措施。每遗漏或错误描述一项内容扣 5 分	10	

续表

评价类别	评价内容	评价标准	分值	得分
操作技能	系统上电	能完成系统上电。每项缺失、错误扣 10 分	10	
	车辆信息录入	能正确录入车辆信息。每项缺失、错误扣 10 分	20	
	图像查看	查看检查图像，根据具体情况决定对被检车辆进行开箱检查或放行。判断错误扣 20 分	20	
职业素养	养成严谨细致、认真负责的工作习惯	检查步骤不遗漏，检测后分析总结并保持设备和场地整洁。每项缺失、错误扣 5 分	20	

五、课后练习

1）简述集装箱/车辆安全检查系统的功能。

2）简述集装箱/车辆安全检查系统的核心工作原理。

3）练习：以小组为单位。模拟使用集装箱/车辆安全检查系统进行检查，拍摄视频并上传。

任务二　手持式拉曼光谱仪使用

学习目标

1）能知道手持式拉曼光谱仪的功能和工作原理。

2）能严格按照操作规程，规范使用手持式拉曼光谱仪。

3）能按照规定流程，利用手持式拉曼光谱仪判断被检测对象的化学性质。

4）养成认真细致、严谨负责的安检工作作风。

一、基础知识

（一）手持式拉曼光谱仪功能介绍

手持式拉曼光谱仪是用于现场未知化学物质识别的一种便携式设备，可对包括毒品、爆炸物、化学战剂、危险液体等在内的不明化学物质进行快速无损的识别鉴定，并对分析结果进行实时显示。

（二）手持式拉曼光谱仪的工作原理

当光照射物质时，入射光子会和物质分子发生非弹性散射，散射光子的能量发生改变。这种非弹性散射由印度物理学家拉曼（C.V.Raman）于 1928 年发现，被称为拉曼散射。拉曼散射光子与入射光子的能量之差取决于被照射物质分子的分子能级。不同的物质分子具有不同的振动转动能级，因此，可以通过分析拉曼散射光的光谱来对物质分子进行识别。拉曼光谱技术就是依据这一原理，探测被测物的拉曼光谱，并通过与谱图库中的谱图进行对比来对被测物质进行识别。手持式拉曼光谱仪的核心部件是光学模块，主要由激光器、外光路、光谱仪三部分组成，具体如图 8.2.1 所示。

二、能力训练

（一）情景任务

手持式拉曼光谱仪可以对不明化学物质进行快速识别鉴定，可广泛布置于各大交通枢纽、重要场所和重大活动场所等重要安检战略位置。机场安检部现接到通知，在候机隔离区内发现不明包裹。作为安检人员，利用手持式拉曼光谱仪 RT3000，确认包裹是否安全。

（二）任务准备

1）手持式拉曼光谱仪。
2）测试用药物或其他物品。
3）测试用鞭炮或其他物品。

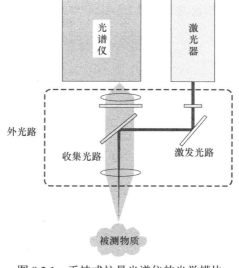

图 8.2.1　手持式拉曼光谱仪的光学模块

（三）练习过程

1. 开机

接好电源线，按下电源开关，设备自动启动，直至系统显示"准备就绪"（图 8.2.2）。

2. 检测

将探头对准被检物，按一下触发开关进行检测，直至界面显示出检测结果（图 8.2.3）。

图 8.2.2　RT3000 准备就绪

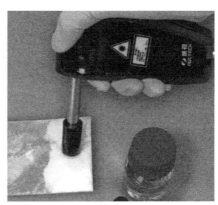

图 8.2.3　使用 RT3000 检测物品

3. 查看结果

确认包裹内化学物质：若为违禁品（图 8.2.4），可查看详细信息（图 8.2.5）进行数据分析比对（图 8.2.6）；若非违禁品，系统显示通过（图 8.2.7）。

图 8.2.4　危险报警提示

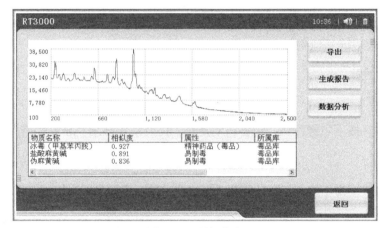

图 8.2.5　详细信息

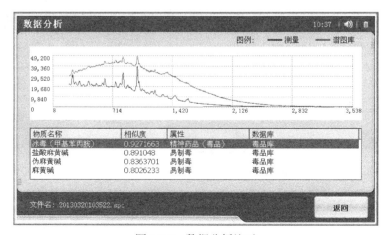

图 8.2.6　数据分析比对

图 8.2.7 非违禁品显示通过

三、拓展学习

手持式拉曼光谱仪在海关中的应用

对于海关一线的安检人员而言，如何快速准确地确定报关物品的品名与成分是否统一是急需攻克的难题。借助手持式拉曼光谱仪检测物质类型有着以下优势：①实现快速检测；②可透过包装检测物质类型；③结合数据库进行分析，检测结果可靠性高。

具体案例介绍如下。

- 2020 年 10 月，大连周水子机场海关旅检关员在对自日本进境的 JL829 航班进行监管时，发现一行李箱的先期机检图像有形似鹿角的黑色阴影。现场关员随即进行开箱查验，发现箱内有一只用锡箔纸包装的疑似鹿角，拉曼光谱仪初步检测结果为动物骨制品，称重达 570g。据当事旅客自称，该物品是自己在山中拾得的。大连周水子机场海关随即对该物品进行截留，经国家林业和草原局野生动植物检测中心鉴定，该物品为梅花鹿鹿角。

- 2021 年 5 月，湛江机场海关在对进境快件查验时发现，该申报品名为"镀银胸针"，经海关人员现场使用拉曼光谱仪，在无须打开包装的前提下进行查验，检测结果为象牙。这种无损、便捷的检测方式为海关提供了便利的工作条件。

- 2021 年 10 月，合肥海关邮件监管现场关员在对一批进境邮件进行监管时，发现机检图像存在异常。经人工查验，邮件内画卷两端轴头、拼接工艺画的色泽、质地、纹理与象牙相似，经现场拉曼光谱仪初步判定为疑似象牙制品。现场关员对这些卷轴作不予通关处理并移交专业机构鉴定，鉴定结果证实了现场关员的判断。

- 2021 年 11 月，武汉邮局海关关员在邮递渠道对 1 件申报为"饰品"的包裹进行查验时，发现疑似象牙制耳环 1 副，经现场拉曼光谱仪初步鉴定是象牙材质，为禁止进境物品，上述物品依据相关规定作进一步处理。

- 2022 年 4 月，大连邮局海关查获一批申报名为"零食"，实则袋内藏珍珠首饰的案件。

- 2023 年 8 月，太原机场海关关员在对进境包裹查验时，通过 CT 机智能审图系统报警，精准拦截嫌疑包裹两个。经现场拆开查验，物品包括疑似象牙切割毛料、手镯、挂饰、吊坠、台球等，经拉曼光谱仪检测，提示异常。经送专业机构鉴定，确认上述物品均为非洲象或亚洲象牙制品。

综上，手持式拉曼光谱仪有效解决了过去对于物品检测周期长、现场检测能力不足等问题，极大增强了海关的查出能力。

四、任务评价表

将拉曼光谱仪使用任务评分填入表 8.2.1 中。

表 8.2.1　拉曼光谱仪使用任务评分表

评价类别	评价内容	评价标准	分值	得分
理论知识	手持式拉曼光谱仪的功能	能准确复述手持式拉曼光谱仪的功能。每遗漏或错误描述一项内容扣 3 分	10	
	手持式拉曼光谱仪的工作原理	能准确复述手持式拉曼光谱仪的工作原理。每遗漏或错误描述一项内容扣 2 分	10	
	手持式拉曼光谱仪的光学模块组成	能准确复述手持式拉曼光谱仪的光学模块组成。每遗漏或错误描述一项内容扣 3 分	10	
操作技能	启动设备	能正确启动设备。每项缺失、错误扣 5 分	10	
	检测物品	能正确检测物品。每项缺失、错误扣 5 分	20	
	情况处置	能根据检查结果进行具体处置，处置错误 20 分	20	
职业素养	养成严谨细致、认真负责的工作习惯	检查步骤不遗漏，检测后分析总结并保持设备和场地整洁。每项缺失、错误扣 5 分	20	

五、课后练习

1）简述手持式拉曼光谱仪的功能。

2）简述手持式拉曼光谱仪的工作原理。

3）练习：以小组为单位，模拟使用手持式拉曼光谱仪进行检查，拍摄视频并上传。

任务三　人脸识别自助闸机系统使用

学习目标

1）能知道人脸识别自助闸机系统的功能和主要模块。

2）能按规定流程，正确启动和关闭人脸识别自助闸机系统。

3）能正确使用闸机应急开门按钮，在紧急情况下疏散人员。

4）养成认真细致、严谨负责的安检工作作风。

一、基础知识

（一）人脸识别自助闸机功能介绍

人脸识别自助闸机采用了先进高效的可见光人脸识别算法，适应侧脸、遮挡、模糊、表情等情况，集成人脸识别模块、IC 卡刷卡模块和门禁控制器，配合人行通道闸，实现人脸识别及人员控制通行一体化管理。

（二）人脸识别自助闸机的工作原理

人脸识别闸机系统一般分为三个部分：人脸采集与入库部分、人脸识别与通道闸机触发部分、人脸识别结果统计与屏幕显示部分。人脸采集与入库部分主要用于通过证件照片信息和身份信息建模、入库。人脸识别与通道闸机触发部分主要通过摄像头采集通行人员的人脸信息，并与库中人员信息进行对比，如果识别结果正确，闸机将开启，行人可通行闸机。人脸识别结果统计与屏幕显示部分，用于保存人脸识别结果，提供统计分析功能，通过屏幕显示现场人脸识别情况及查询识别结果。

人脸识别部分采用的可见光人脸识别技术，是一种生物识别加智能视频分析技术，通过视频采集面部生物特征，在任何可见光和黑暗环境中与数据库数据分析比对，精确识别人脸。

二、能力训练

（一）情景任务

为了规范机场工作人员进出机场控制区，机场在工作人员通道设置了人脸识别自助闸机系统。作为一名安检人员，需熟练人脸识别自助闸机系统的常规使用以及紧急情况下的应急操作。

（二）任务准备

1）人脸识别自助闸机系统。
2）录入证件信息及人脸数据。

（三）练习过程

1. 启动设备

使用配套钥匙（图 8.3.1）打开闸机入口处右侧机盖（图 8.3.2），拨动机箱下端的总电源（图 8.3.3）。

2. 身份证认证

工作人员右手手持身份证在读卡器面板上进行身份证认证（图 8.3.4）。

图 8.3.1   配套钥匙

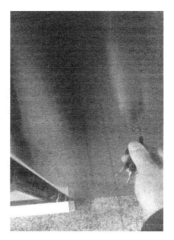

图 8.3.2   使用钥匙打开闸机入口处右侧机盖

图 8.3.3   机箱下端总电源

图 8.3.4   在读卡器面板上进行身份证认证

图 8.3.5   人脸比对显示屏

3. 人脸面部信息采集

读卡器发出"滴"的一声响后表示身份证读卡成功，此时，工作人员面向人脸比对显示屏进行人脸面部信息采集。

4. 通行

闸机根据机场工作人员管理系统返回的人员信息审核结果（图 8.3.5），判断是否打开扇门允许工作人员通行。

5. 应急开门（常开）

紧急情况下进行人员疏散时，扇门需保持常开状态，按下应急开门按钮（图 8.3.6）即可。应急开门按钮采用自锁按钮类型，按下该按钮闸机扇门打开并保持常开状态，复位按钮闸机扇门关闭。

6. 临时开门

若需要临时打开扇门放行，可以通过手持无线遥控器（图 8.3.7）控制扇门，无线遥控器面板上有两个按钮，按 A 键打开扇门，按 B 键关闭扇门。

图 8.3.6　应急开门按钮

图 8.3.7　手持无线遥控器

7. 关闭设备

使用配套钥匙打开闸机入口处右侧机盖，拨动机箱下端的总电源。

三、拓展学习

关于人脸识别技术的应用

随着人工智能技术的飞速发展，人脸识别技术在人脸识别、人证对比、人脸编辑、人脸验证等四个方面应用非常的广泛。

- 人脸识别：安防监控识别、人脸门禁。
- 人证对比：金融领域身份认证、考勤打卡、登机安检、考试身份认证等。
- 人脸编辑：人脸贴纸、人脸特效等。
- 人脸验证：刷脸支付、找回密码、
  通过人脸安全登录系统等。

应用举例 1：抓拍交通违法。

许多城市启动了人脸抓拍系统，当红灯亮起时，如果有人仍越过停止线，系统就会自动抓拍照片和保留视频（图 8.3.8），数据会和公安系统的信息平台关联，自动识别出违反交通规则的人的身份信息。

图 8.3.8　人脸抓拍系统

应用举例 2：金融行业。

在金融行业中，可以通过人脸的识别为客户开展办卡业务，简单流程如下：

通过文字、语音引导告知客户正确的操作方法→捕捉人脸（捕捉清晰的正脸）→活体验证（验证是否是真实操作的人）→照片对比（照片和身份证对比）→完成。

应用举例 3：人脸编辑。

随着短视频、直播的流行，人脸编辑技术发展迅速，通过人脸识别检测出人脸的关键点，根据用户需求进行人脸实时的编辑。

四、任务评价表

将人脸识别自助闸机系统使用任务评分填入表 8.3.1 中。

表 8.3.1　人脸识别自助闸机系统使用任务评分表

评价类别	评价内容	评价标准	分值	得分
理论知识	人脸识别自助闸机的主要模块	能准确复述人脸识别自助闸机的主要模块。每遗漏或错误描述一项内容扣 3 分	10	
	人脸识别自助闸机的工作原理	能准确复述人脸识别自助闸机的工作原理。每遗漏或错误描述一项内容扣 3 分	10	
操作技能	设备开关机	能正确启动/关闭设备。每项缺失、错误扣 10 分	20	
	闸机扇门常开与关闭	能正确将闸机扇门常开与关闭。每项缺失、错误扣 10 分	20	
	遥控打开/关闭闸机扇门	能正确使用遥控打开/关闭闸机扇门。每项缺失、错误扣 10 分	20	
职业素养	养成严谨细致、认真负责的工作习惯	检查步骤不遗漏，检测后分析总结并保持设备和场地整洁。每项缺失、错误扣 5 分	20	

五、课后练习

1）简述人脸识别自助闸机系统的工作原理。

2）简述人脸识别自助闸机系统的主要模块。

3）练习：以小组为单位，模拟使用人脸识别自助闸机系统各功能，拍摄视频并上传。

参 考 文 献

高佩华，2015．安检仪器使用与维护［M］．北京：中国民航出版社．

郭晓瑗，排尔哈提·亚生，刘晨阳，等，2021．拉曼光谱技术的发展及其在生物医学领域中的应用［J］．福州大学学报（自
    然科学版），49（1）：135-142．

金颖康，郑志敏，乔灵博，等，2022．毫米波全息成像技术综述及其在人体安检领域的应用［J］．中国安全防范技术与应
    用（4-5）：18-22．

聂涛，杨金柱，2009．国外爆炸物检测技术综述（一）：痕量爆炸物检测技术［J］．国防技术基础（1）：34-37．

桑伟，岳胜利，2013．毫米波成像技术在人体安全检查领域的应用［J］．中国安防（4）：83．

王忠民，2020．通道式毫米波人体安检仪关键技术研究［D］．吉林：吉林大学．

杨晓青，2023．机场服务概论［M］．北京：高等教育出版社．

张宁，2016．机场安检技术关键问题研究［D］．南京：南京航空航天大学．

朱婷，刘洋，吴军，等，2019．空间偏移拉曼光谱技术的发展及应用［J］．光谱学与光谱分析，39（4）：997-1004．